INHALT

- 4 | **DIE SCHÜRZEN REVOLUTION IST DA!**

- 6 | **MIA MIT FRÜHSTÜCKSSET**
  Heidelbeergelee
  Franzbrötchen

- 12 | **FIONA**
  Erdbeershake
  Erdbeersaft

- 16 | **IDA**
  Cakepops
  Heiße Schokolade

- 20 | **MAJA & EVELYN**
  Lachshappen
  Jakobsmuschel-Salat

- 26 | **ESTER & ANNA**
  Hühnchensticks
  Auberginenröllchen

- 32 | **ANIKA & MATILDA**
  Radicchio-Crostini
  Mangold-Bratlinge

- 38 | **DOLORES & LINDA**
  Wassermelonen-Gazpacho
  Kürbis-Gnocchi

- 44 | **JANA & MAX**
  Fliegenpilze
  Pizzaschnecken

- 50 | **DANA & CARL**
  Mini-Hamburger
  Shrimps im Baconmantel

- 56 | **JAMES & KLARA**
  Wodka Espresso
  Blue Moon
  Ipanema

- 62 | **JULIA & SOPHIA**
  Macarons
  Orangen-Cupcakes

- 68 | **LUCY MIT MUG RUG, SERVIETTE UND TISCHDECKCHEN**
  Lemon Cheesecake

- 74 | **GRUNDLAGEN**

VORWORT

Küchenschürzen sind ein Muss für jede Hausfrau. Witzig und modern kommen die Schürzen von Jasmin Stanonik, der Gründerin von SHEELA Housewife Revolution daher. Mit bunten Mustern, auffälligen Prints, modernen Schnitten und ansprechenden Designs wird dem altbackenen Image der Schürze der Garaus gemacht!

Das Schöne an den Schürzen ist, dass sie toll aussehen, aber gleichzeitig auch sehr einfach zu nähen sind, sodass sich alle Projekte auch für Anfänger eignen. Beginnen Sie mit einem kinderleichten Tischläufer, nähen Sie blitzschnell eine praktische Halbschürze und steigern Sie sich zu Modellen, die man nach dem Kochen nicht ausziehen muss, sondern gleich als Partykleid weitertragen kann! Auch für Ihre Liebsten können Sie wunderbare Schürzen nähen.

Mit den neuen Schürzen macht die Arbeit in der Küche noch mehr Spaß. Die Schürzen schützen die Kleidung, sind aber auch ein Blickfang beim Kochen. Beim Gemüseernten können Sie die Schürze genauso tragen und bei der Cupcake-Party machen Sie damit eine super Figur! Damit Sie die selbstgenähte Schürze auch gleich in der Küche testen können, haben wir Ihnen in diesem Buch zu jeder Schürze ein passendes kleines Rezept herausgesucht.

Legen Sie los und machen Sie mit bei der Schürzen Revolution!

Ihre

J. Stanonik

DIE SCHÜRZEN REVOLUTION IST DA!

Endlich kommt frischer Wind in die Küchen der Nation! Weg mit den faden Kitteln und her mit schicken Designschürzen!

Nach der Geburt ihrer beiden Kinder kam Jasmin Stanonik die Idee, das Klischee vom Hausmütterchen am Herd auf den Kopf zu stellen. Als Ausgangsmodell ihrer Entwürfe diente damals die Schürze ihrer Großmutter, eine humorvolle, lebenslustige Frau. An die hatte sie sich nämlich erinnert, als sie eines Tages daheim zum wiederholten Mal von ihrem Sohn bekleckert wurde. Doch die Schürze der Großmutter war nicht mehr zeitgemäß. Deshalb musste eine Schürze her, die zur heutigen Zeit passt und in der man auch gern gesehen werden würde.

Im Sommer 2008 gründete Jasmin Stanonik ihr Label »SHEELA Housewife Revolution« und hat seitdem einem verstaubten, altbackenen Kleidungsstück eine moderne, sexy Aufmachung verpasst. Ihre Schürzen wurden zum kultigen Lifestyleartikel erhoben. Dabei kommt der Begriff „Sheela" vom australischen Ausdruck „Sheila", eingedeutscht von der Australien-Begeisterten Gründerin. „Sheila" steht in Australien für eine sympathische und liebevolle Frau, die toll kochen kann. Sie ist großherzig, fürsorglich, hat aber auch viel Spaß und liebt es, zu tanzen. Sie ist witzig, klug und hat hohe Ziele, die sie immer erreicht – kurzum – es ist cool, eine Sheila zu sein!

Die Schürzen der österreichischen Designerin stehen für Frauen und Männer, die wissen, was sie wollen und auch machen, was sie wollen. Mit einem Augenzwinkern präsentiert Jasmin Stanonik ihre Schürzen-Kreationen und begeistert mit peppigen Schnitten, originellen Details, ausgefallenen Stoffen und pflegeleichten Materialien. Egal ob Mann oder Frau, es geht darum, ein wenig Farbe in die Küche oder vor den Grill zu bringen und somit dem grauen Koch-, Putz- und Aufräumalltag mit Humor zu begegnen. Dabei war es Jasmin Stanonik wichtig, ein Kleidungsstück zu schaffen, das praktisch und schön zugleich ist. So muss man nach dem Kochen die Schürze nicht ablegen, sondern kann auch noch eine Cocktailparty darin werfen!

Die Schürzen der zweifachen Mutter bringen Farbe in den grauen Aufräum- und Kochalltag und sind bereits weit über die Landesgrenzen hinaus bekannt. Während des Designprozesses lässt sie sich von den Farben und Mustern der unterschiedlichsten Stoffe inspirieren. Meistens

fällt ihr dann spontan ein passender Stil zu dem jeweiligen Stoff ein. Allen, die auf der Suche nach ausgefallenen Stoffen für coole Schürzen sind, rät Stanonik, einmal im Internet zu stöbern. Dort gibt es eine schier unendliche Fülle an ausgeflippten Stoffen.

Mit ihren Männerschürzenmodellen von »DIEGO – The Housekeeper« haben jetzt auch Männer keine Ausrede mehr, eine sexy Figur in Küche, Werkstatt, Garten und vor dem Grill zu machen. Auch zu dem Namen Diego gibt es eine Geschichte: „Diego war der erste Produzent meiner Schürzen und alles andere als ein typischer Hausmann. Ironischerweise gefiel mir aber der Name sehr gut, weshalb Diego zum Houskeeper und zur Schürzenmarke ernannt wurde."

Zuletzt hat die Designerin aus dem Salzburger Land noch zwei Rezepttipps aus der Heimat: „Pinzgauer Bladln" sind gefüllte Teigtaschen mit Sauerkraut. Sie sind Kindheitserinnerung pur für die Autorin und waren ein sehr seltenes Festessen, das ihre Großmutter perfekt zubereitete. „Moosbeernudln" oder „Heidelbeernockerln" ist eines ihrer Lieblingsrezepte, das nur mit wilden, selbstgepflückten Heidelbeeren richtig lecker schmeckt.

HEIDELBEERGELEE

ca. 4-5 Gläser | ca. 25 Minuten

ZUTATEN

- 1 kg Heidelbeeren
- Saft einer Zitrone
- 1 Vanilleschote
- 1 Stück einer Stange Zimt
- 2 Lorbeerblätter
- 1 Prise Nelkenpulver
- 1/4 TL schwarzer Pfeffer, frisch gemahlen
- 1 kg Gelierzucker

ZUBEREITUNG

Heidelbeeren kalt abbrausen und gut abtropfen lassen. Mit einer Gabel zerdrücken oder kurz pürieren. Mit Zitronensaft, den Gewürzen und dem Gelierzucker vermischen und zugedeckt über Nacht durchziehen lassen.

Dann unter Rühren langsam zum Kochen bringen und 4 Minuten sprudelnd kochen lassen. Vanillestange, Zimtstange und Lorbeerblätter entfernen. Die Konfitüre heiß in vorbereitete Gläser füllen und sofort verschließen.

FRANZBRÖTCHEN

ca. 20 Stück | ca. 30 Minuten

ZUTATEN

FÜR DEN TEIG:
- 500 g Mehl
- 40 g Hefe
- 70 g Zucker
- 250 ml lauwarme Milch
- 70 g Butter
- 1 Prise Salz
- Abgeriebene Schale einer unbehandelten Zitrone

FÜR DIE FÜLLUNG:
- 200 g Butter
- 200 g Zucker
- 2 TL Zimt

- Mehl zum Ausrollen
- Fett für das Blech

ZUBEREITUNG

Das Mehl in eine Schüssel geben, in die Mitte eine Mulde drücken und die Hefe hineinbröckeln. Etwas Zucker darüber streuen, die Milch darüber gießen und die Hefe darin auflösen. Dann weiche Butter, restlichen Zucker, Salz und Zitronenschale zugeben. Alle Zutaten zu einem glatten Teig verkneten. Zugedeckt an einem warmen Ort 30 Minuten gehen lassen.

Den Teig noch einmal kräftig durchkneten. Auf der bemehlten Arbeitsfläche zu einem Rechteck von 30 cm x 25 cm ausrollen. Mit Butter bestreichen und mit der Zucker-Zimt-Mischung bestreuen.

Den Teig aufrollen und in etwa 2 cm breite Scheiben schneiden. Mit einem Holzlöffel von oben auf die schmale Kante pressen. Das verleiht den Franzbrötchen ihre typische Form.

Jetzt die Franzbrötchen noch einmal bei 40 °C 15 Minuten lang ruhen lassen. Den Ofen vorheizen. Anschließend bei 250 °C (Umluft) 15 Minuten backen.

MATERIAL

- Stoff 1: Baumwollstoff in Grün mit lila-roten Flecken, 40 cm x 82 cm und 28 cm x 40 cm
- Stoff 2: Baumwollstoff in Lila mit roten Tupfen, 32 cm x 110 cm

NAHTZUGABE

1 cm Nahtzugabe ist bereits im Schnitt enthalten.

ZUSCHNITT

Stoff 1:

- 1x Schnittteil „Mia Schürze" (im Stoffbruch)
- 1x Schnittteil „Mia Tasche"

Stoff 2:

- 2x Schnittteil „Mia Bund" (im Stoffbruch)
- 1x Schnittteil „Mia Taschenband" (im Stoffbruch)

BOGEN 1

Violette Linien

MIA

Um beim Marmeladekochen geschützt zu sein und Einweckgläser voller Köstlichkeiten zu zaubern, bedarf es nur dieser praktischen Halbschürze!

ANLEITUNG

1 Alle Schnittteile zuschneiden.

2 Das Taschenband in der Mitte links auf links bügeln und rechts auf rechts an die Oberkante der Tasche nähen. Die Nahtkanten mit Zickzack-Stich versäubern, das Band nach oben klappen und die restlichen Seitenkanten der Tasche mit Zickzack-Stich versäubern.

3 Die Seitenkanten der Tasche 1 cm von rechts auf links umbügeln und mittig an der Schürzenunterkante feststecken. Links, rechts und in der Mitte die Tasche knappkantig festnähen.

4 Die Seiten- und Unterkante der Schürze (samt der aufgenähten Tasche) 5 mm umbügeln und noch mal 1 cm umschlagen, sodass eine saubere und gleichmäßige Saumkante entsteht. Mit Nadeln feststecken und mit der Nähmaschine entlang der Kante absteppen.

5 Die beiden Bindebänder an einer Schmalseite rechts auf rechts zusammennähen, sodass ein langes Band entsteht. Die Naht auseinander bügeln und auf die Mitte des (rechte Seite des Bandes auf die linke Schürzenseite) Schürzenteils festnähen. Die Nahtkante nach oben bügeln und auch bei den Bändern die Kante ca. 5 mm umbügeln. Die obere Kante der Bänder ebenfalls 5 mm umbügeln und auf die Naht nach vorne klappen.

6 Das Band feststecken und auch die Bänder gleichmäßig feststecken. An den Enden die Kanten ebenfalls 5 mm umbügeln und nach innen klappen. Das Band über die gesamte Länge, beginnend an einer Schmalseite, knappkantig absteppen.

FRÜHSTÜCKSSET

MATERIAL

- Stoff 1: Baumwollstoff mit pink-orangen Rauten, 81 cm x 35 cm und 2x 54 cm x 32 cm
- Stoff 2: Baumwollstoff in Türkis, 81 cm x 35 cm und 2x 54 cm x 32 cm
- Volumenvlies, 2x 25 cm x 30 cm
- Vlieseline, 46 cm x 32 cm

NAHTZUGABE

1 cm Nahtzugabe ist bereits im Schnitt enthalten.

ZUSCHNITT

Stoff 1 (Oberstoff):

- 2x Schnittteil „Brotkorb" (Maße beliebig veränderbar)
- 1x Schnittteil „Tischset"
- 1x Schnittteil „Serviette"

Stoff 2 (Futterstoff):

- 2x Schnittteil „Brotkorb"
- 1x Schnittteil „Tischset"
- 1x Schnittteil „Serviette"

Volumenvlies (zum Aufbügeln):

- 2x Schnittteil „Brotkorb"

Vlieseline:

- 1x Schnittteil „Tischset"

BOGEN 1

Rote Linien

Frische Brötchen und selbstgebackenes Brot schmecken noch viel besser mit diesem Frühstücksset.

BROTKORB

1 Alle Schnittteile des Brotkorbs zuschneiden.

2 Alle Stoffteile (Stoff 1 und Stoff 2) mit Zickzack-Stich versäubern.

3 Die Vlieseinlage auf die linke Seite der Oberstoffteile (Stoff 1) bügeln. Die beiden Teile rechts auf rechts zusammenstecken, sodass die Vlieseinlage außen ist und an den beiden kurzen und einer langen Seite zusammennähen.

4 Die beiden Futterstoffteile (Stoff 2) rechts auf rechts zusammenstecken, diese auch an den beiden kurzen und einer langen Seite zusammennähen, dabei an der langen Seite eine 10 cm lange Öffnung frei lassen, sie wird später für das Wenden benötigt.

5 Die Seitennähte mittig aufeinander legen, sodass an den geschlossenen Ecken eine Spitze entsteht (bei beiden Teilen Stoff 1 und Stoff 2).

6 An der Spitze mit Kreide eine jeweils 10 cm lange Hilfslinie einzeichnen und alle vier Spitzen (einzeln, die Zipfel nicht zusammennähen) entlang dieser Linie absteppen.

7 Das Oberstoffteil (Stoff 1) wenden, sodass eine kleine Tasche entsteht. Die Tasche aus Oberstoff rechts auf rechts in die Tasche aus Futterstoff (Stoff 2) stecken. Die beiden Taschen an der oberen Kante feststecken und rundherum absteppen. Die Öffnung zum Wenden befindet sich an der Unterseite. Den Stoff durch die Öffnung ziehen und das Ganze wenden.

8 Den Futterstoff auf die Außenseite drehen, damit die Öffnung mit der Hand (oder Nähmaschine) zugenäht werden kann.

9 Das Körbchen noch mal wenden und die Oberkante nach außen stülpen.

10 Die Größe des Brotkorbes lässt sich sowohl in der Breite als auch in der Höhe beliebig anpassen.

ANLEITUNG

TISCHSET

1 Alle Schnittteile zuschneiden.

2 Die Vlieseline auf die linke Seite von Stoff 1 bügeln.

3 Die beiden Stoffteile (Stoff 1 und Stoff 2) rechts auf rechts zusammenstecken und füßchenbreit rundherum absteppen, dabei eine Öffnung von 7 cm zum Wenden lassen.

4 Den Stoff durch die Öffnung ziehen und das Tischset wenden. Das Set flachbügeln und an der Öffnung die Kanten nach innen stülpen. Beginnend an der Öffnung, das ganze Set noch mal knappkantig absteppen.

SERVIETTE

1 Die Schnittteile zuschneiden.

2 Die Kanten 5 mm umbügeln, danach noch mal 1 cm umbügeln, sodass ein schöner Saum entsteht. Rundherum an der Sauminnenkante absteppen.

ERDBEERSHAKE MIT KOKOS

ca. 4 Portionen | ca. 5 Minuten

- 5-6 Erdbeeren
- 1/2 l Milch
- 1/2 Dose Kokosmilch
- 4 Kugeln Vanilleeis
- 100 ml Sahne
- 1/2 TL Zimt
- Zucker

ZUTATEN

- Schokostreusel
- Sprühsahne

Die Erdbeeren pürieren, danach die Milch, Kokosmilch, Sahne und den Zimt unterrühren. Den Shake nach Belieben süßen. Zum Schluss das Eis kurz mit unterrühren.

ZUBEREITUNG

Den Shake in vier hohe Gläser füllen, etwas Sprühsahne obenauf setzen und mit Schokoladenstreuseln garnieren.

ERDBEERSAFT

ca. 2 Flaschen | ca. 40 Minuten

- 3 kg Erdbeeren
- 1 l Wasser

ZUTATEN

- 2 kg Zucker
- 1 Päckchen Einmachhilfe

Erdbeeren verlesen, entstielen und waschen. Gut abtropfen lassen. In einen Topf geben und zerquetschen. Das Wasser hinzugeben, zum Kochen bringen und ca. 15 Minuten köcheln lassen.
Den Fruchtbrei durch ein Tuch filtern. Der gewonnene Saft wird mit dem Zucker verrührt. (Zu 1 l Saft kommen 750-1000 g Zucker.)

ZUBEREITUNG

Den Saft mit dem Zucker bei starker Hitze einmal aufkochen lassen und danach abschäumen. Die Einmach-Hilfe in den nicht mehr kochenden Saft einrühren. Den heißen Saft in Flaschen füllen und nach dem Erkalten verschließen.

FIONA

MATERIAL
- Stoff 1: Baumwollstoff in Blau, 110 cm x 120 cm
- Stoff 2: Baumwollstoff in Weiß, 65 cm x 110 cm
- Satinschleifchen

NAHTZUGABE
1 cm Nahtzugabe ist bereits im Schnitt enthalten.

ZUSCHNITT
Stoff 1:
- 1x Schnittteil „Fiona Tellerrock 1/2" (im Stoffbruch)
- 2x Schnittteil „Fiona Tellerrock 1/4"
- 1x Schnittteil „Fiona Tasche" (ergibt sich aus Bundausschnitt Tellerrock)
- 1x Schnittteil „Fiona Oberteil" (auf doppelten Stoff gelegt ergibt das 1x linkes, 1x rechtes Teil)

Stoff 2:
- 2x Schnittteil „Fiona Bund"
- 2x Schnittteil „Fiona Bänder" 12 cm x 100 cm
- 2x Schnittteil „Fiona Nackenbänder" 10 cm x 33 cm
- 2x Schnittteil „Fiona Rüschen" 5 cm x 55 cm

BOGEN 2
Braune Linien

Gewappnet mit der zauberhaften Fiona fallen Ihnen garantiert unzählbar viele Erdbeerrezepte ein. Und ihr fröhliches Design lässt Sie mit noch mehr Liebe in der Küche zaubern.

ANLEITUNG

1 Alle Schnittteile zuschneiden.

2 Stoffkanten aller Schnittteile aus Stoff 1 mit Zickzack-Stich versäubern.

3 Je einen Teil „Tellerrock 1/4" links und einen rechts an den Schnittteil „Tellerrock 1/2" rechts auf rechts zusammennähen. Die Naht in der Mitte auseinanderbügeln.

4 Bindebänder und Nackenbänder rechts auf rechts zusammennähen, zusammengenähtes Ende schräg abnähen und mit einem Kochlöffelstiel oder Stift wenden, danach die Bänder flachbügeln.

5 Für die Rüschen den Stoff links auf links in der Mitte falten, anschließend den Stoff in Falten legen und absteppen, sodass eine Raffung entsteht. Danach die Unterkante der Rüsche versäubern.

6 Brustnähte laut gestrichelter Linie in die Oberteile einnähen.

7 Bei den Oberteilen die Kanten 1 cm nach innen bügeln, Rüschenbänder innen mit Stecknadeln fixieren, die Nackenbänder festnähen und die Kanten des Stoffs 1 cm um die Nackenbänder einschlagen. Die umgebügelten Kanten des Oberteils absteppen.

8 Oberteile überlappen lassen und in der gewünschten Breite (je nachdem wie weit der Ausschnitt sein soll) oder bei der Markierung zusammennähen.

9 Taschenkanten links und rechts 1 cm einbügeln, leicht in der Rundung einschneiden, danach den oberen Teil der Tasche 2 cm nach innen klappen und nur oben knappkantig absteppen. Ein Satinschleifchen 2 cm unter der Taschenkante in die Mitte nähen.

10 Die fertige Tasche auf der rechten oder linken Seite des Tellerrocks mittig auf der Seitennaht 10 cm von oben an drei Seiten knappkantig aufnähen.

11 Die versäuberten Seitenkanten und die Unterkante des Tellerrocks 1 cm umbügeln und füßchenbreit absteppen, der Bund bleibt offen.

12 Die beiden Bundteile rechts auf rechts an der Oberkante zusammennähen, wenden und flachbügeln. In der Mitte falten und eine Mittelmarkierung bügeln.

13 Den Bundteil wieder aufklappen und in die Mitte des Tellerrocks rechts auf links füßchenbreit festnähen. In die Rundung ein paar kleine Einschnitte schneiden, sodass sich der Stoff in der Rundung besser verteilt.

14 Den festgenähten Bund hochklappen und den offenen Teil 1 cm umbügeln. Das Oberteil auf die gewünschte Höhe an der aufgeklappten Rückseite des Bunds mit verdeckten Kanten oben und unten, nur so breit wie das Oberteil ist, rechts auf rechts festnähen. Danach die offene Unterkante und die offenen Seiten des Bundes 1 cm einbügeln, auf die Naht am Tellerrock feststecken. In die eingeschlagenen Bundseiten die Bindebänder mit hinein stecken, mit Stecknadeln fixieren und mit einer Doppelnaht absteppen. Die Unterkante knappkantig absteppen.

CAKEPOPS

ca. 30 Stück | ca. 40 Minuten

ZUTATEN

- 100 g weiche Butter
- 1 Prise Salz
- 1 Päckchen Vanillezucker
- 100 g Zucker
- 1 großes Ei
- 150 g Mehl
- 1 TL Backpulver
- 50 g gemahlene Mandeln
- 80 ml Milch
- 150 g warmer Frischkäse
- 200 g Kuvertüre
- Butter für die Form
- Mehl für die Form

ZUBEREITUNG

Butter mit Salz, Vanillezucker, Zucker und dem Ei zu einer Masse rühren. Mehl, Backpulver und die gemahlenen Mandeln zusammenrühren und abwechselnd mit der Milch zur Buttermasse geben und verrühren.

Den Teig in eine gefettete, mit Mehl ausgestreute kleine Kastenform (20 cm) geben und bei 180 °C Ober- und Unterhitze ca. 30 Minuten backen. Den Kuchen 10 Minuten abkühlen lassen und dann in eine Schüssel zerkrümeln, mit dem zimmerwarmen Frischkäse vermischen und die Masse kalt stellen.

Kuvertüre im Wasserbad zum Schmelzen bringen und 30 Holzspieße jeweils 1-2 cm tief in die Schokolade tauchen und im Kühlschrank abkühlen lassen (so haften die Cake Pops besser am Spieß).

Nun aus der Kuchenmasse mit den Händen 30 Kugeln formen und mit der Schokoseite des Spießes aufspießen. Die Kugeln am Spieß in die flüssige Kuvertüre tauchen. Die fertigen Cake Pops dekorieren und kalt stellen.

TIPP | Die Holzspieße am besten in eine Styroporplatte oder einen leeren Eierkarton stecken.

HEISSE SCHOKOLADE

ca. 2 Tassen | ca. 5 Minuten

ZUTATEN

- 50 g Schokolade
- 1/2 l Milch
- 1/4 TL Zimt
- 1 Messerspitze Kardamom

ZUBEREITUNG

Schokolade raspeln und in der heißen Milch schmelzen lassen. Zimt und Kardamom dazugeben und nochmals umrühren.

Wer mag, kann noch eine Sahnehaube drauf geben und das Ganze mit Schokosplittern garnieren.

GRÖSSE
ca. 2-6 Jahre

MATERIAL
- Beschichteter Baumwollstoff, 58 cm x 90 cm
- 4,50 m Schrägband zum Einfassen
- 2 Knöpfe
- 1 Satinschleifchen

NAHTZUGABE
1 cm Nahtzugabe ist bereits im Schnitt enthalten.

ZUSCHNITT
Stoff 1:
- 1x Schnittteil „Ida Schürze" (im Stoffbruch)
- 2x Schnittteil „Ida Träger"
- 1x Schnittteil „Ida Tasche"

BOGEN 1
Dunkelblaue Linien

IDA

Weil das Backen, Naschen und Verzieren so viel Spaß macht, wird sich Ihre Kleine bestimmt über eine eigene Schürze freuen. Besonders, wenn sie so zuckersüß aussicht wie Ida!

1 Alle Schnittteile zuschneiden.

2 Ein Band links, ein Band rechts auf den Schürzenteil rechts auf rechts feststecken und absteppen. Die entstandene Nahtkante mit Zickzack-Stich versäubern.

ANLEITUNG

3 Beginnend an einer Spitze die Schürze mit Schrägband einfassen (siehe Seite 79). Auch die Tasche rundherum mit dem Schrägband einfassen.

4 Die Tasche mittig auf der Schürze an drei Seiten knappkantig absteppen.

5 In die Trägerspitzen mittig jeweils ein Knopfloch (passend zum Knopf) nähen. Dabei ein kleines Stoffstück als Verstärkung auf die Rückseite unter das Knopfloch mit einnähen und den überstehenden Rest wegschneiden.

6 Die Knöpfe je nach Größe des Kindes an der Seite festnähen und oben in der Mitte des Halsausschnitts ein Satinschleifchen festnähen.

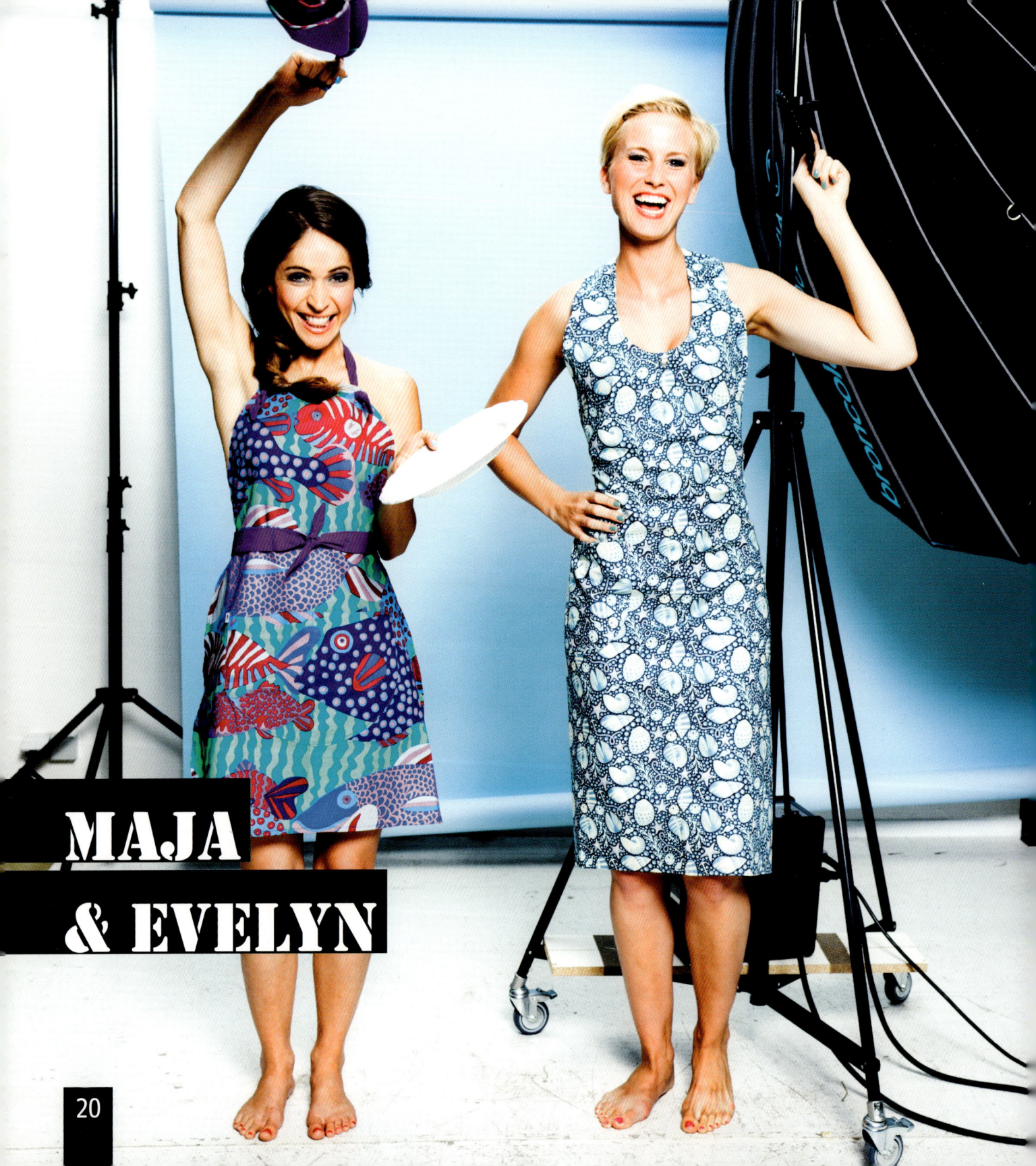

MAJA & EVELYN

LACHSHAPPEN

ca. 8 Portionen | ca. 10 Minuten

ZUTATEN

- 300 g geräucherter Lachs in Scheiben
- 150 g Frischkäse
- 8 Scheiben Baguette
- 1/2 Gurke
- 1 Bund Dill
- Frische Kräuter nach Wahl

ZUBEREITUNG

240 g Räucherlachs mit dem Frischkäse pürieren. Auf die Baguettescheiben die restlichen 60 g Lachs verteilen.

Die Kräuter kleinschneiden und unter die Frischkäsemischung heben. Dann die Frischkäsemischung mit einem Spritzbeutel oder Löffel auf die Lachsscheiben geben. Mit Gurke und Dill garnieren.

JAKOBSMUSCHEL-SALAT

ca. 6 Portionen | ca. 10 Minuten

ZUTATEN

- 6 frische Jakobsmuscheln
- 1 Stück Ingwer
- 2 Frühlingszwiebeln
- 2 Knoblauchzehen
- 100 g Rucola
- 200 g Zuckerschoten
- Butterschmalz
- Salz und Pfeffer

FÜR DIE VINAIGRETTE:
- 2 EL Olivenöl
- 2 EL Walnussöl
- 3 EL Balsamico
- 1 EL Honig
- 1 EL Dijonsenf
- Salz und Pfeffer

Jakobsmuscheln öffnen, das Fleisch herauslösen, von den dunklen Teilen befreien, waschen und trocken tupfen. Mit Salz und Pfeffer würzen. Den Knoblauch schälen und mit der flachen Messerseite etwas zerdrücken. Den Ingwer ebenfalls schälen und klein schneiden. Die Frühlingszwiebeln in Ringe schneiden.

ZUBEREITUNG

Ein wenig Butterschmalz in einer unbeschichteten Pfanne erhitzen und darin den Knoblauch, den Ingwer und die Frühlingszwiebeln bei mittlerer Hitze kurz anschwitzen. Nun die Hitze erhöhen und die Jakobsmuscheln von jeder Seite eine Minute scharf anbraten, damit sie eine schöne goldbraune Farbe bekommen. Vom Herd nehmen und in der Pfanne noch ein wenig ziehen lassen.
Zuckerschoten schräg halbieren und in kochendem Salzwasser ca. 3 Minuten garen, unter kaltem Wasser

abschrecken und in einem Sieb abtropfen lassen. Die Zutaten der Vinaigrette vermischen.
Die Zwiebeln auf einen Teller geben. Darüber Zuckerschoten und Rucola schichten und die Vinaigrette darüber geben, das Muschelfleisch darauf betten.

MAJA

Maja lässt mit ihrem originellen Motiv-Print auch den letzten Kochmuffel vor den Herd gehen. Anmutig geschnitten fällt jedes Menü mit dieser Schürze viel leichter, egal ob es sich um Sushi oder Fischstäbchen handelt. Mit dem exotischen Design kommt auch gleich noch ein wenig Urlaubsflair in die Küche!

MATERIAL

- Stoff 1: Baumwollstoff mit Fischen in Grün, Blau und Lila, 105 cm x 90 cm
- Stoff 2: Baumwollstoff in Lila uni, 33 cm x 110 cm und 55 cm x 45 cm (Geschirrtuch)

NAHTZUGABE

1 cm Nahtzugabe ist bereits im Schnitt enthalten.

ZUSCHNITT

Stoff 1:

- 1x Schnittteil „Maja Schürze" (im Stoffbruch)
- 1x Schnittteil „Maja Tasche" (im Stoffbruch)
- 1x Schnittteil „Maja Innenfutter Oberteil"
- 2x Schnittteil „Maja Schrägband"

Stoff 2:

- 2x Schnittteil „Maja Bänder" (im Stoffbruch)
- 1x Schnittteil „Maja Nackenband" (im Stoffbruch)
- 1x Schnittteil „Maja Geschirrtuch"

BOGEN 1

Pinkfarbene Linien

ANLEITUNG

SCHÜRZE

1 Alle Schnittteile zuschneiden.

2 Den Schürzenteil, das Innenfutter und die Tasche rundherum mit Zickzack-Stich versäubern. Das Innenfutter mit dem Oberteil der Schürze rechts auf rechts feststecken und an drei Seiten (oben und seitlich) zusammennähen. Den festgenähten Innenteil umstülpen und die Kanten umbügeln.

3 Die Bindebänder in der Mitte rechts auf rechts umbügeln und auf einer Seite links und rechts spitz zuschneiden und seitlich zusammennähen, eine kleine Öffnung auf der Längsseite bleibt offen zum Wenden. Danach mit einem Kochlöffelstiel umstülpen und flachbügeln. Mit dem Nackenband genauso verfahren, beide Seiten spitz zuschneiden und abnähen. Danach die kleinen Wendeöffnungen zunähen.

4 Alle noch offenen Seitenteile der Schürze (samt Innenfutter) 1 cm umbügeln und absteppen.

5 Die Bänder jeweils links und rechts laut Markierung feststecken, dabei nur bis zur Markierung oben, unten und senkrecht knappkantig festnähen. 20 cm der Bänder zur Mitte hin überstehen lassen, damit diese verknotet werden können.

6 Die Oberkante der Tasche 2 cm umbügeln und die Seiten- und Unterkante 1 cm umbügeln, die Oberkante knappkantig absteppen.

7 Die fertige Tasche laut Markierung feststecken und an 3 Seiten knappkantig festnähen.

8 Links und rechts an der Oberkante laut Markierung zwei Knopflöcher einnähen.

9 Das Nackenband von hinten durch die Knopflöcher fädeln und mit einem Knoten fixieren. So kann das Nackenband auf die gewünschte Länge eingestellt werden.

GESCHIRRTUCH

1 Geschirrtuch Maja und Schrägbänder zuschneiden.

2 Die beiden Schrägbandstreifen an einer Schmalkante rechts auf rechts zusammennähen, damit ein langes Band entsteht.

3 Mit einem Schrägbandformer das Band zu einem Schrägband bügeln. Danach das Geschirrtuch mit dem Schrägband einfassen (siehe Seite 79), an einer Ecke das Schrägband überstehen lassen und auf der anderen Seite wieder festnähen, damit eine Schlaufe zum Aufhängen entsteht.

EVELYN

MATERIAL

- Stoff 1: Baumwollstoff mit Muscheln in Blau, 145 cm x 110 cm
- Klettverschlussband, 6 cm lang
- Herzanhänger aus Metall

NAHTZUGABE

1 cm Nahtzugabe ist bereits im Schnitt enthalten.

ZUSCHNITT

Stoff 1:

- 1x Schnittteil „Evelyn Schürze" (im Stoffbruch)
- 2x Schnittteil „Evelyn Tasche"
- 2x Schnittteil „Evelyn Bänder"
- 1x Schnittteil „Evelyn Oberteil Innenfutter" (im Stoffbruch)
- 2x Schnittteil „Evelyn Nackenband"

BOGEN 1

Hellblaue Linien

Kein Essen kann ohne die entscheidenden Gewürze überleben und keine Bluse verträgt Soßenflecken. Demzufolge hat diese Schürze etwas Überlebenswichtiges. Der Muschel-Print lässt den Schutz vor ungeliebten Spritzern richtig elegant und professionell aussehen.

1 Alle Schnittteile zuschneiden.

2 Den Schürzenteil, das Oberteil und die Taschen rundherum mit Zickzack-Stich versäubern. Ein Nackenband auf einer kurzen Seite rechts auf rechts auf das Innenteil nähen, das andere Nackenband rechts auf rechts auf die Schürze. Das Innenteil samt Nackenband auf dem Schürzenteil rechts auf rechts feststecken und die Teile zusammennähen, ausgenommen die untere gerade Kante des Innenteils. Den festgenähten Innenteil samt Nackenband wenden und die Kanten flachbügeln.

3 Die beiden Bindebänder mit eingebügelten Kanten zusammennähen.

4 Auf der offenen Seite des Nackenbands und dem offenen Schürzenträger den Klettverschluss-Streifen festnähen, von rechts aufs Nackenband, von links auf den Schürzenträger.

5 Alle noch offenen Seitenteile der Schürze 1 cm umbügeln, auch die Teile mit dem Innenteil. Die Bänder links und rechts jeweils unter dem umgebügelten Saum feststecken und festnähen. Danach die Bänder rausklappen und auch an der Außenkante knappkantig absteppen. Die Seitenteile der Schürze absteppen.

6 Die Oberkante beider Taschenteile 2 cm umbügeln und die Seiten- und Unterkante 1 cm umbügeln, die Oberkante knappkantig absteppen.

7 Die fertigen Taschen jeweils 13 cm von oben (gemessen von der oberen Kante der Bindebänder) und 13 cm von der Seite feststecken und an 3 Seiten knappkantig festnähen.

8 Den Herzanhänger aus Metall in der Mitte des Ausschnitts von Hand festnähen.

ANLEITUNG

HÜHNCHENSTICKS

ca. 4 Portionen | ca. 30 Minuten

- 2 große Hühnerbrüste

FÜR DIE MARINADE:
- 200 ml Buttermilch
- 1 TL Worcester Sauce
- 1 TL Sojasauce
- 1 zerdrückte Knoblauchzehe
- 1/4 TL Paprika-Pulver
- 1/4 TL getrockneter Oregano

ZUTATEN

ZUM PANIEREN:
- 150 g Kartoffelchips
- 5 EL Parmesan-Käse
- 6 EL Mehl
- 1 Ei

Alle Zutaten für die Marinade in einer Schüssel zusammenfügen und miteinander verrühren.
Das Hühnerfleisch unter fließendem Wasser abspülen und mit Küchenpapier trocken tupfen. Dann in dicke Streifen schneiden, in die Marinade legen und im Kühlschrank für eine Stunde kalt stellen.

ZUBEREITUNG

Inzwischen die Kartoffelchips in einen Gefrierbeutel füllen und darin zerkleinern, auf einen großen Teller geben und mit dem Parmesankäse vermischen. Das Mehl auf einen anderen großen Teller geben und mit den Kräutern und dem Paprika-Pulver vermischen. Das Ei mit etwas kaltem Wasser aufschlagen und auf einen dritten großen Teller geben. Den Backofen auf 200 °C heizen.

Die Hühnerstreifen nun aus der Marinade nehmen und auf dem Mehl-Teller wälzen. Dann auf dem Ei-Teller wenden und schließlich auf dem Chips-Teller vollständig mit Chips-Krümeln umhüllen.
Die panierten Fleischstücke auf ein gefettetes Backblech geben und ca. 8 Minuten lang backen, dann alle Stücke wenden und weitere 7 Minuten backen.

AUBERGINENRÖLLCHEN

ca. 4 Portionen | ca. 20 Minuten

- 1 Aubergine
- 1 Knoblauchzehe

ZUTATEN

- Salbeiblätter
- Rosmarin
- 4 Scheiben Kochschinken
- 4 kleine Blätter Chicorée
- Olivenöl
- Salz und Pfeffer

Aubergine in Scheiben schneiden und kurz in Öl wenden. Je ein Salbeiblatt auf je eine Auberginenscheibe legen und mit dem Blatt nach unten in eine Grillpfanne oder auf den Grill geben. Den Knoblauch grob zerdrücken und mitgrillen. Auberginenscheiben von beiden Seiten goldgelb grillen, mit Pfeffer, Salz und ein wenig klein geschnittenem Rosmarin würzen.

ZUBEREITUNG

Die Kochschinkenscheiben zusammen mit den Chicorée-Blättern in Tomatenmark anbraten, dann die Streifen in die Auberginenscheiben einrollen und die Röllchen mit Zahnstochern fixieren.

ESTER

Die wilden Hühner sind los! Mit einem kräftigen Augenzwinkern spielt Ester mit Klischees und so wird diese wilde Schürze das Herz aller Hausfrauen erweichen. Schwingen Sie den Kochlöffel, tanzen Sie durch die Küche und verzaubern Sie Ihre Liebsten mit den herrlichsten Gerichten.

MATERIAL

- Stoff 1: Baumwollstoff mit Federn, 90 cm x 110 cm
- Stoff 2: Baumwollstoff in Gelb, 75 cm x 70 cm

NAHTZUGABE

1 cm Nahtzugabe ist bereits im Schnitt enthalten.

ZUSCHNITT

Stoff 1:
- 1x Schnittteil „Ester Schürze" (im Stoffbruch)
- 2x Schnittteil „Ester Tasche"
- 2x Schnittteil „Ester Bänder"
- 2x Schnittteil „Ester Ringband"

Stoff 2:
- 4x Schnittteil „Ester Oberteil"
- 1x Schnittteil „Ester Taschenrand"

BOGEN 2

Hellblaue Linien

ANLEITUNG

1 Alle Schnittteile zuschneiden.

2 Jeweils zwei Oberteile rechts auf rechts feststecken und die beiden Seitenkanten zu einer Spitze zusammennähen, danach die Oberteile wenden, die Kanten flachbügeln und noch einmal füßchenbreit absteppen.

Den unten offenen Teil mit ein paar ganz breiten Stichen per Hand durch einen Hilfsfaden leicht einkräuseln. Beide Oberteile auf jeweils 16,5 cm raffen und rechts auf rechts auf der Schürze feststecken, absteppen und danach mit Zickzack-Stich die Kanten versäubern.

3 Die Seitenkanten der beiden Ringbänder mit Zickzack-Stich versäubern und jeweils von der Seite die Kanten zur Mitte umbügeln, sodass ein ca. 2,5 cm breites Bändchen entsteht. Das Bändchen zu je einem Ring mit ca. 7 cm Umfang und ca. 2 cm Durchmesser rechts auf rechts zusammennähen und die überstehende Naht mit Zickzack-Stich versäubern. Die Ringe wenden. Die spitzen Enden des Oberteils durch die Ringe durchfädeln und auf die gewünschte Position ziehen.

4 Den Taschenrand links auf links in der Mitte zusammenbügeln und rechts auf rechts auf den oberen Taschenrand nähen. Die Kanten der Naht mit Zickzack-Stich versäubern, den Taschenrand nach oben klappen und die restlichen Kanten der Tasche ebenfalls versäubern.

5 Die Seiten- und Unterkante der Taschen 1 cm umbügeln, und jeweils 21 cm von oben (gemessen von der oberen Kante des Schürzenteils) und 10 cm von der Seite feststecken und an 3 Seiten knappkantig festnähen.

6 Die Bindebänder in der Mitte rechts auf rechts umbügeln und oben und seitlich zusammennähen, eine Schmalseite bleibt offen für das Umstülpen. Danach mit einem Stift oder Kochlöffelstiel wenden, flachbügeln und die Wendeöffnung schließen.

7 Alle noch offenen Seitenteile der Schürze 1 cm umbügeln. Die Bänder links und rechts jeweils unter den umgebügelten Saum feststecken und festnähen. Danach die Bänder ausklappen und auch an der Außenkante knappkantig absteppen. Die Seitenteile der Schürze absteppen.

ANNA

MATERIAL

- Stoff 1: Baumwollstoff mit Retroblumen in Grün-Gelb, 72 cm x 72 cm (Schürzenteil), 20 cm x 40 cm (Taschen)
- Stoff 2: Baumwollstoff kariert in Grün-Gelb, 45 cm x 75 cm
- Stoff 3: Baumwollstoff mit Tupfen in Braun-Weiß, 25 cm x 110 cm
- Klettverschlussband, 2x 8 cm lang

NAHTZUGABE

1 cm Nahtzugabe ist bereits im Schnitt enthalten.

ZUSCHNITT

Stoff 1:
- 1x Schnittteil „Anna Schürze" (im Stoffbruch)
- 2x Schnittteil „Anna Tasche"

Stoff 2:
- 1x Schnittteil „Anna Oberteil"
- 2x Schnittteil „Anna Träger"

Stoff 3:
- 2x Schnittteil „Anna Bänder"

BOGEN 2

Rote Linien

Das nostalgische 70er Jahre Design verweist mit leichter Ironie auf das Zeitalter von schrillen Tapeten und flauschigen Teppichen. Die Gerichte, die Sie damit kochen werden, sind aber auf keinen Fall verstaubt!

1 Alle Schnittteile zuschneiden.

2 Oberteil mit Schürze rechts auf rechts zusammennähen. Die zusammengenähten Stoffränder und rundherum die Kanten mit Zickzack-Stich versäubern.

3 Die beiden Bänder auf einer Schmalseite rechts auf rechts zusammennähen, um ein langes Band zu erhalten. Danach den Stoff in der Mitte rechts auf rechts umbügeln und oben, unten und seitlich zusammennähen. Eine kleine Öffnung seitlich zum Wenden lassen. Danach die zusammengenähten Bänder mit einem Stift oder Kochlöffelstiel wenden und flachbügeln, dann die Öffnung zunähen.

4 Die Träger ebenfalls in der Mitte rechts auf rechts umbügeln und oben und seitlich zusammennähen, eine Schmalseite bleibt zum Wenden offen. Danach die zusammengenähten Bänder mit einem Stift oder Kochlöffelstiel wenden und flachbügeln.

5 Alle 4 Seiten der Schürze samt Oberteil 1 cm umbügeln. Die Träger werden am Oberteil jeweils 22 cm vom Rand, mit dem unten offenen Teil des Trägers, unter dem umbügelten Saum festgesteckt und festgenäht. Danach die Träger hochklappen und auch an der Außenkante knappkantig absteppen. Der Abstand der Träger sollte links und rechts vom Rand der gleiche sein. Abschließend die Schürze rundherum absteppen.

6 Jeweils einen Klettverschluss-Streifen auf den Träger (rechte Stoffseite) und das Schürzenteil (linke Stoffseite) nähen, sodass sich die Träger im Rücken überkreuzen.

7 Beide Taschenteile mit Zickzack-Stich versäubern. Oberkante 2 cm umbügeln, die Seiten- und Unterkante 1 cm umbügeln, die Oberkante knappkantig absteppen.

8 Die fertigen Taschen jeweils 20 cm von oben (gemessen von der Naht zwischen Oberteil und Schürze) und 12 cm von der Seite feststecken und an drei Seiten knappkantig festnähen.

9 Für die Schleife ein 11 cm langes und ca. 2 cm breites Stoffstück (Stoff 3) rundherum mit Zickzack-Stich versäubern. Die Kanten jeweils 5 mm zur Mitte umbügeln, damit ein ca. 1 cm breites Bändchen entsteht. Das Bändchen an den kurzen Kanten zusammennähen, sodass ein Ring entsteht. Beim zusammengenähten Bindebändchen eine 9 cm lange Schlaufe in der Mitte hochziehen und mit einer Naht absteppen. Die entstandene Schlaufe gleichmäßig am Scheitelpunkt flachdrücken, sodass links und rechts je eine Schlaufe entsteht. Die entstandene Schleife feststecken, den Stoffring darüber ziehen und hinten festnähen.

10 Das fertige Schleifenband mittig auf die Naht zwischen Oberteil und Schürze legen und oben und unten knappkantig absteppen, an den Außenkanten auch senkrecht festnähen, dabei aber nicht die Schleife festnähen!

ANLEITUNG

RADICCHIO-CROSTINI

ca. 12 Portionen | ca. 30 Minuten

- 1 Birne in Scheiben
- 1 Knoblauchzehe
- 1/2 Kopf Radicchio
- 50 g Schimmelkäse
- 1 TL Olivenöl
- 1 Baguette in Scheiben
- 1 EL Aceto Balsamico
- 1 EL italienische Kräuter

ZUTATEN

- 50 g Walnüsse
- Salz und Pfeffer

Zerdrückte Knoblauchzehe, Salz, Pfeffer und Kräuter mit Öl vermischen. Brot in 12 fingerdicke Scheiben schneiden, diese beidseitig mit Öl bepinseln und auf ein mit Backpapier ausgelegtes Backblech legen.

ZUBEREITUNG

Crostini im auf 180 °C vorgeheizten Ofen ca. 8 Minuten backen. Auf die noch heißen Scheiben den Käse geben, darüber Radicchio, Walnüsse und Birnenscheiben schichten. Mit etwas Balsamico beträufeln.

MANGOLD-BRATLINGE

ca. 4 Portionen | ca. 40 Minuten

- 200 g Haferflocken
- 400 g Mangold oder Spinat

ZUTATEN

- 1 Zwiebel, gewürfelt
- 4 Eier
- 5 EL Olivenöl
- Kräuter
- Salz und Pfeffer

Die gewürfelten Zwiebeln in 2 EL erhitztem Öl glasig dünsten. Das Gemüse waschen und in feine Streifen schneiden. Zu den Zwiebeln geben, halbweich dämpfen und anschließend erkalten lassen.
Das Gemüse mit den Haferflocken, den Eiern und den fein gehackten Kräutern vermischen und mit Salz und Pfeffer abschmecken.

ZUBEREITUNG

Bratlinge mit den Händen formen und im restlichen heißen Öl von beiden Seiten goldgelb braten.

ANIKA

Raffinierte Partysnacks zaubern, einen leckeren Kartoffelauflauf für die Liebsten zubereiten oder an einer eigenen Rezeptkreation tüfteln – Kochen kann so schön sein. Noch schöner wird es nun mit Anika – damit man Ihnen nach Ihrem Ausflug in die Welt der kulinarischen Genüsse nicht sofort ansieht, was Sie gekocht haben.

MATERIAL

- Stoff 1: Baumwollstoff in Blau mit Kohlköpfen, 77 cm x 110 cm und 45 cm x 25 cm
- Stoff 2: Baumwollstoff in Lila, 50 cm x 100 cm
- Strasssteinchen zum Aufnähen

NAHTZUGABE

1 cm Nahtzugabe ist bereits im Schnitt enthalten.

ZUSCHNITT

Stoff 1:
- 2x Schnittteil „Anika Schürze"
- 2x Schnittteil „Anika Oberteil Seitenteil"
- 2x Schnittteil „Anika Nackenbänder"
- 1x Schnittteil „Anika Oberteil Mitte"

Stoff 2:
- 1x Schnittteil „Anika Tasche"
- 2x Schnittteil „Anika Bänder" (im Stoffbruch)

BOGEN 2

Hellgrüne Linien

ANLEITUNG

1 Alle Schnittteile zuschneiden.

2 An den beiden Oberteil-Seitenteilen je ein Nackenband rechts auf rechts festnähen. Danach umklappen. Die zusammengenähten Stoffränder mit Zickzack-Stich versäubern.

3 Bindebänder in der Mitte rechts auf rechts umbügeln und oben und seitlich zusammennähen, eine Schmalseite bleibt offen fürs Wenden. Danach mit einem Stift oder Kochlöffelstiel wenden und flachbügeln.

4 Wendeöffnung schließen.

5 Die Seitenränder aller Schürzenteile (2x Schürze, 2x Seitenteile samt Nackenbänder, Mittelteil, Tasche) mit Zickzack-Stich versäubern.

6 Beim Mittelteil oben in der Mitte (lt. Markierung) eine kleine Falte legen und mit ein paar Stichen festnähen, danach die Kante 1 cm umbügeln, feststecken und absteppen. Den linken und rechten Seitenteil mit dem Mittelteil jeweils auf die Kante B rechts auf rechts feststecken und zusammennähen.

7 Bei den beiden Schürzenteilen die Seiten mit der gebogenen Kante 1 cm umbügeln und absteppen, danach die beiden Schürzenteile übereinanderlegen und genau auf die Breite des Oberteils zusammennähen.

8 Den Schürzenteil nun oben 1 cm nach innen umbügeln, den Oberteil 1 cm nach außen umbügeln, um einen verdeckten Bund zu nähen. Die beiden Teile (Oberteil ist unten, Schürzenteil ist obenauf) laut Markierung zusammenstecken und einmal oben und einmal unten knappkantig absteppen, um einen schönen verdeckten Bund zu erhalten.

9 Die beiden Rockteile bei der Überlappung ca. 10 cm zusammennähen.

10 Alle versäuberten Außenkanten 1 cm umbügeln und mit Abstand vom Rand festnähen. Die Bindebänder nicht vergessen und jeweils links und rechts mit unter den Saum nähen. Nach dem Annähen die Bindebänder noch mal nach außen klappen und auch an der Außenkante festnähen.

11 Die versäuberten Taschenränder 1 cm einbügeln, nur in der Rundung knappkantig absteppen.

12 Die fertige Tasche rechts oder links laut Markierung knappkantig auf die Schürze nähen.

MATILDA

MATERIAL

- Stoff 1: Baumwollstoff in Grün mit Mangold, 118 cm x 110 cm
- Stoff 2: Baumwollstoff mit orange-roten Tupfen, 75 cm x 110 cm

NAHTZUGABE

1 cm Nahtzugabe ist bereits im Schnitt enthalten.

ZUSCHNITT

Stoff 1:

- 1x Schnittteil „Matilda Tellerrock 1/2" (im Stoffbruch)
- 1x Schnittteil „Matilda Tellerrock 1/4" (im Stoffbruch, danach am Bug durchschneiden, um 2 Teile zu erhalten)
- 1x Schnittteil „Matilda Oberteil Seite" (auf doppelten Stoff gelegt ergibt das 1x linkes, 1x rechtes Teil)
- 2x Schnittteil „Matilda Tasche"
- 1x Schnittteil „Matilda Oberteil Mitte"
- 1x Schnittteil „Matilda Oberteil Futter"

Stoff 2:

- 2x Schnittteil „Bund" (im Stoffbruch)
- 2x Schnittteil „Bänder" (im Stoffbruch)
- 2x Schnittteil „Nackenbänder"
- 2x Schnittteil „Bikini-Schleife" (im Stoffbruch, danach am Bug durchschneiden, um 2 Teile zu erhalten)

BOGEN 2

Blaue Linien

Auf dieser Schürze wird das Gemüse wunderbar in Szene gesetzt! Da läuft einem glatt das Wasser im Munde zusammen und gesund kochen macht richtig viel Spaß! Das bunte, lebensfrohe Design wird Sie sicherlich zu so einigen kreativen Rezepten inspirieren und neuen Wind in Ihre Küche bringen. Auch im Gemüsebeet sieht frau damit richtig stylisch aus!

ANLEITUNG

1 Alle Schnittteile zuschneiden.

2 Die Stoffkanten aller Schnittteile aus Stoff 1 mit Zickzack-Stich versäubern. An den beiden Oberteil-Seiten je ein Nackenband rechts auf rechts festnähen. Danach umklappen. Die zusammengenähten Stoffränder und die Seiten mit Zickzack-Stich versäubern.

3 Je einen Teil „Tellerrock 1/4" links und einen rechts an den Schnittteil „Tellerrock 1/2" rechts auf rechts zusammennähen. Die Naht in der Mitte auseinanderbügeln.

4 Die Schleife rechts auf rechts zusammennähen und an der geraden Seite offen lassen, wenden und anschließend die Wendeöffnung schließen, danach die Bänder flachbügeln.

5 Die Bindebänder in der Mitte rechts auf rechts umbügeln, oben und seitlich zusammennähen, eine Schmalseite bleibt offen für das Wenden. Danach mit einem Kochlöffelstiel wenden, die Öffnung schließen und flachbügeln.

6 Die Stoffteile „Oberteil-Futter" und „Oberteil Mitte" rechts auf rechts an 3 Seiten festnähen, wenden und flachbügeln. Jeweils links und rechts ein Seitenteil und ein Schleifenteil auf dem Mittelteil rechts auf rechts feststecken und füßchenbreit absteppen.

7 Die Seitenteile aufklappen und die Schleife verknoten.

8 Die versäuberten Seitenkanten und die Unterkante des Tellerrocks 1 cm umbügeln und füßchenbreit absteppen. Der Bund bleibt offen.

9 Den offenen Bundteil (Mittelmarkierung mit Bügeleisen machen) in der Mitte des Tellerrocks rechts auf links füßchenbreit festnähen. In die Rundung ein paar kleine Einschnitte schneiden, sodass sich der Stoff in der Rundung besser verteilt.

10 Den festgenähten Bund hochklappen und den offenen Teil 1 cm umbügeln.

11 Das Oberteil und den Bund links und rechts auf die Breite des Tellerrocks mit 1 cm Nahtzugabe ablängen und die offenen Seiten 1 cm umbügeln. Die Oberteilkanten (ausgenommen die Unterkante) füßchenbreit absteppen. Die Unterkante 1 cm von links nach rechts umbügeln.

12 Das fertige Oberteil in der Mitte der Schürze auf die gewünschte Höhe an der aufgeklappten Rückseite des Bundes mit verdeckten Kanten oben und unten festnähen. Danach die offene Unterkante und die offenen Seiten des Bundes 1 cm einbügeln und auf der Naht am Tellerrock feststecken und entlang der Naht knappkantig absteppen. Gleichzeitig werden auch in die eingeschlagenen Bundseiten die Bänder mit hineingesteckt, mit Stecknadeln fixiert und mit einer Doppelnaht abgesteppt.

WASSERMELONEN-GAZPACHO

ca. 8 Portionen | ca. 30 Minuten

ZUTATEN

- 1/4 Wassermelone, geschält und entkernt
- 1 Dose passierte Tomaten
- 1/2 Salatgurke, geschält und entkernt
- 2 Zweige Minze
- 1 Knoblauchzehe
- 1 EL Olivenöl
- 3 EL Balsamico
- 1 TL Chilipulver
- Salz

ZUBEREITUNG

Wassermelone, Tomaten und Gurke in grobe Stücke schneiden. Knoblauch schälen. Minze waschen, einige Blätter als Dekoration zurückbehalten.
Alle Zutaten pürieren und durch ein Sieb streichen, anschließend mit Salz und Chilipulver abschmecken. Einige Stunden kalt stellen.

In Gläsern oder Suppentassen servieren und mit einem Minzblatt verzieren.

KÜRBIS-GNOCCHI

ca. 4 Portionen | ca. 20 Minuten

ZUTATEN

- 500 g Kürbisfleisch, in Streifen geschnitten
- 300 g Kartoffeln
- 230 g Mehl
- 1 Ei
- 100 g Butter
- Muskat
- 1 Bund Thymian
- 75 g Parmesan
- Salz und Pfeffer

ZUBEREITUNG

Kürbisstreifen im Ofen 30 Minuten bei 180 °C backen. Kartoffeln weich kochen. Mit der Küchenmaschine Kürbis, Kartoffeln, Mehl, Ei, Salz, Pfeffer und Muskat verkneten. Den Teig 30 Minuten ruhen lassen.
Mit einem Teelöffel Gnocchi abstechen, in kochendes Wasser fallen lassen und mit dem Schaumlöffel herausheben, wenn sie an die Oberfläche steigen.

Butter erhitzen, Thymian kurz darin schwenken, mit Salz und Pfeffer würzen und über die Gnocchi geben. Vor dem Servieren dünne Scheiben Parmesan über die Gnocchi hobeln.

DOLORES

Farben und Muster gehen bei Dolores eine besonders geschmackvolle Symbiose ein und bilden einen schönen Blickfang bei der häuslichen Arbeit. Die praktische Eingrifftasche bietet Raum für kleine Nützlichkeiten, die Ihnen bei der Hausarbeit Unterstützung leisten. Und wenn die Tomaten in der Speisekammer mal etwas weicher geworden sind, kann man mit Dolores auch super auf eine Essensschlacht gehen!

MATERIAL

- Stoff 1: Baumwollstoff mit Tomaten, 110 cm x 112 cm
- Stoff 2: Baumwollstoff in Grün, 65 cm x 110 cm
- Schrägband in Grün, 6 m lang
- Satinband für Raffung, 1 m lang

NAHTZUGABE

1 cm Nahtzugabe ist bereits im Schnitt enthalten.

ZUSCHNITT

Stoff 1:

- 1x Schnittteil „Dolores Rock" (im Stoffbruch)
- 2x Schnittteil „Dolores Oberteil Seitenteil" (1 Teil rechts, 1 Teil links)
- 1x Schnittteil „Dolores Raffstreifen" (im Stoffbruch)
- 2x Schnittteil „Dolores Nackenband"

Stoff 2:

- 1x Schnittteil „Dolores Oberteil Mitte"
- 1x Schnittteil „Dolores Tasche"
- 2x Schnittteil „Dolores Bänder"

BOGEN 2

Pinkfarbene Linien

ANLEITUNG

1 Alle Schnittteile zuschneiden.

2 Linkes und rechtes Oberteil Seitenteil (Kanten B) mit Oberteil Mitte (Kanten B) rechts auf rechts zusammennähen, Nackenbänder an Oberteil Träger (Kante A) festnähen.

3 Die Stoffkanten der zusammengenähten Teile mit Zickzack-Stich versäubern.

4 Raffband links, rechts und oben umbügeln. Die obere Kante festnähen. Das Raffband lt. Markierung (1,5 cm unterhalb der Kante) auf das Oberteil „Mitte" mit 3 Längsnähten annähen, danach das Satinband mit einer Sicherheitsnadel durchfädeln.

5 Bindebänder in der Mitte rechts auf rechts umbügeln und oben und seitlich zusammennähen, eine Schmalseite bleibt offen fürs Wenden. Danach mit einem Stift oder Kochlöffelstiel umstülpen und flachbügeln.

6 Tasche mit Schrägband einfassen und eventuell mit Stoffapplikation versehen.

7 Laut Markierung in der Mitte oben beim Rockteil eine Kellerfalte legen und flachbügeln. Mit ein paar wenigen Stichen festnähen, um die Falte zu fixieren.

8 Rockteil an der Oberkante 1 cm nach hinten umbügeln (Rock liegt links und Kante ist umgebügelt rechts). Oberteil an der unteren Kante 1 cm nach vorne umbügeln (Oberteil liegt rechts und Kante ist umgebügelt links). Den Rockteil auf das Oberteil überlappend stecken, sodass ein verdeckter Bund entsteht. Die beiden Seiten schmalkantig zusammennähen.

9 Die zusammengenähte Schürze nun mit dem grünen Schrägband rundherum einfassen, (siehe Seite 79) dabei die Bindebänder nicht vergessen und jeweils links und rechts eines mit unter das Schrägband nähen. Bei den Nackenbändern die eine Seite abnähen und die zweite Seite überlappend abnähen.

Nach dem Annähen des Schrägbandes die Bindebänder noch mal nach außen klappen und auch an der Außenkante festnähen.

10 Tasche links oder rechts an die gewünschte Stelle am Rockteil festnähen.

LINDA

MATERIAL

- Stoff 1: Baumwollstoff in Braun mit Retroblumen, 97 cm x 110 cm
- Stoff 2: Baumwollstoff in Gelb, 18 cm x 110 cm

NAHTZUGABE

1 cm Nahtzugabe ist bereits im Schnitt enthalten.

ZUSCHNITT

Stoff 1:

- 1x Schnittteil „Linda Schürze" (im Stoffbruch)
- 1x Schnittteil „Linda Tasche"

Stoff 2:

- 2x Schnittteil „Linda Bänder" (im Stoffbruch)
- 1x Schnittteil „Linda Nackenband"
- 1x Schnittteil „Linda Taschenband"

BOGEN 2

Hellblaue Linien

Nostalgisches Flair für die Küche! Mit der zauberhaften Linda wird jedes Essen mit noch mehr Liebe gekocht und ein hastiges „Schürze verstecken", wenn die Gäste kommen, ist auch nicht mehr nötig!

ANLEITUNG

1 Alle Schnittteile zuschneiden.

2 Die Bindebänder in der Mitte rechts auf rechts umbügeln und oben und seitlich zusammennähen, eine Schmalseite bleibt offen für das Wenden. Danach mit einem Stift oder Kochlöffelstiel wenden und flachbügeln. Wendeöffnung zunähen.

3 Das Taschenband links auf links in der Mitte zusammenbügeln und rechts auf rechts auf den oberen Taschenrand nähen. Die Kanten der Naht mit Zickzack-Stich versäubern, den Taschenrand nach oben klappen und die restlichen Kanten der Tasche mit Zickzack-Stich ebenfalls versäubern. An den Seiten und unten die Kanten 1 cm umbügeln.

4 An beiden Schürzenteilen das Nackenband und die Träger rechts auf rechts festnähen. Danach umklappen. Die zusammengenähten Stoffränder versäubern. Alle Seitenränder der beiden Schürzenteile mit Zickzack-Stich versäubern.

5 Alle Kanten der Schürzenteile (inkl. Nackenband) 1 cm umbügeln, feststecken und füßchenbreit absteppen. Auf der linken Schürzenseite das Band nur 10 cm breit rundum festnähen. Auf der rechten Schürzenseite das Band über die ganze Länge rundum festnähen.

6 Die fertige Tasche 11 cm von oben (gemessen von der Bandunterkante) und jeweils 18 cm von den Seiten feststecken und knappkantig festnähen.

7 Die kurzen Teile der Bänder nun verknoten. Dieser Knoten ist beim Tragen im Rücken (dient zur Regulierung der Weite) und die Schürze wird seitlich wie ein Wickelkleid gebunden.

FLIEGENPILZE

ca. 5 Portionen | ca. 20 Minuten

ZUTATEN
- 10 Mozzarella-Bällchen
- 5 kleine Tomaten
- 1 Tube Mayonnaise
- 1 Bund Petersilie

Die Tomaten halbieren, den Stielansatz herausschneiden und mit einem Teelöffel Kerne und Fruchtfleisch entfernen. Anschließend die ausgehöhlten Tomatenhälften mit Küchenpapier trocken tupfen.

ZUBEREITUNG

Eine große Kuchenplatte mit den frischgewaschenen Petersilienblättern belegen und die Mozzarella-Bällchen gleichmäßig darauf verteilen. Eventuell die Bällchen unten etwas ausschneiden, damit sie nicht wegkullern. Jetzt die Tomatenhälften draufsetzen und mit Mayonnaise aus der Tube kleine Punkte auf die roten Kappen drücken.

PIZZASCHNECKEN

ca. 6 Portionen | ca. 30 Minuten

ZUTATEN
- Fertigpizzateig
- je 1 Glas grünes und rotes Pesto
- 1 Kugel Mozzarella
- Oregano
- Salz und Pfeffer

Pizzateig mit Pesto bestreichen. Mozzarella reiben und auf den Teig geben. Salz, Pfeffer und Oregano darübergeben. Mit der breiten Seite zu einer Schnecke aufrollen.

ZUBEREITUNG

Mit einem scharfen Messer ca. 3 cm große Scheiben schneiden und auf ein mit Backpapier ausgelegtes Backblech legen. Bei 180° ca. 10 Minuten backen.

JANA

Die Kleinsten helfen gerne mit in der Küche und wollen Teig rühren, Kekse ausstechen und Bananen für den Obstsalat schneiden. Damit sie sich nicht das schöne Kleid schmutzig machen, kommt jetzt die fröhliche Jana in Ihre Küche. Da ist der Spaß beim Helfen gleich doppelt so groß!

GRÖSSE

ca. 4-8 Jahre

MATERIAL

- Stoff 1: fester Baumwollstoff mit Streifen, 35 cm x 80 cm
- Stoff 2: Baumwollstoff mit Vichy-Karo in Hellgrün, 60 cm x 110 cm
- Satinschleifchen in Weiß

NAHTZUGABE

1 cm Nahtzugabe ist bereits im Schnitt enthalten.

ZUSCHNITT

Stoff 1:
- 1x Schnittteil „Jana Oberteil" (im Stoffbruch)
- 1x Schnittteil „Jana Futterband"

Stoff 2:
- 2x Schnittteil „Jana Bänder" (im Stoffbruch)
- 1x Schnittteil „Jana Nackenband" (im Stoffbruch)
- 1x Schnittteil „Jana Rüschenvolant" (im Stoffbruch)

BOGEN 1

Hellbraune Linien

ANLEITUNG

1 Alle Schnittteile zuschneiden.

2 Das Oberteil und das Futterband rundherum mit Zickzack-Stich versäubern. Das Futterband mit dem Oberteil der Schürze rechts auf rechts feststecken und an drei Seiten (oben und seitlich) zusammennähen. Den festgenähten Innenteil wenden und die Kanten umbügeln.

3 Die Bindebänder in der Mitte rechts auf rechts umbügeln und auf einer Seite links und rechts spitz zuschneiden und seitlich zusammennähen, eine kleine Öffnung auf der Längsseite bleibt offen für das Wenden. Danach mit einem Kochlöffelstiel wenden und flachbügeln. Mit dem Nackenband genauso verfahren, dabei beide Seiten zu einer Spitze schneiden und abnähen. Danach die kleinen Wendeöffnungen zunähen.

4 Seitlich und unten die Kanten am Volant 5 mm umbügeln, feststecken und entlang der oberen Schnittkante mit der Hand oder mit der Nähmaschine (Fadenspannung lockern, große Stiche) durch einen Hilfsfaden einkräuseln. Die Rüschen auf die Breite der Schürze zusammenziehen und gleichmäßig verschieben und verteilen. Rechts auf rechts am unteren Rand des Oberteils feststecken und festnähen. Anschließend den Hilfsfaden herausziehen und die Kanten versäubern. Die Rüschen nach außen und die versäuberte Stoffkante nach innen bügeln.

5 Alle noch offenen Seitenteile der Schürze 1 cm umbügeln und absteppen. Beim Rüschenvolant entsteht so ein schöner Saum. Die Bindebänder nicht vergessen und diese jeweils links und rechts mit unter den Saum nähen. Nach dem Annähen die Bindebänder noch mal nach außen klappen und auch an der Außenkante festnähen.

6 Links und rechts an der Oberkante laut Markierung zwei Knopflöcher einnähen. Das Nackenband von hinten durchfädeln und mit einem Knoten fixieren. So kann das Nackenband auf die gewünschte Länge eingestellt werden.

7 Zuletzt In der Mitte oben ein weißes Satinschleifchen festnähen.

MAX

GRÖSSE
ca. 4-8 Jahre

MATERIAL
- Stoff 1: fester Baumwollstoff mit Streifen, 85 cm x 100 cm
- Stoff 2: Baumwollstoff mit großem Vichy-Karo in Blau und Weiß, 38 cm x 110 cm
- Schrägband in Rot, 1,70 m
- Volumenvlies, 45 cm x 18 cm

NAHTZUGABE
1 cm Nahtzugabe ist im Schnitt enthalten.

ZUSCHNITT
Stoff 1:
- 1x Schnittteil „Max Schürze" (im Stoffbruch)
- 1x Schnittteil „Max Tasche"
- 1x Schnittteil „Max Futterband"
- 2x Schnittteil „Max Zweihand-Topflappen"
- 2x Schnittteil „Max Topflappen Seite"

Stoff 2:
- 2x Schnittteil „Max Bänder" (im Stoffbruch)
- 1x Schnittteil „Max Nackenband" (im Stoffbruch)
- 1x Schnittteil „Max Taschenband" (im Stoffbruch)
- 2x Schnittteil „Max Topflappen Seite"

Volumenvlies:
- 1x Schnittteil „Max Zweihand-Topflappen"
- 2x Schnittteil „Max Topflappen Seite"

BOGEN 2
Orangefarbene Linien

Wenn da nicht der nächste Starkoch heranwächst! Max motiviert schon die Kleinsten, Mama oder Papa am Herd nachzueifern. Die ersten selbstgemachten Spiegeleier werden damit die besten der Welt!

SCHÜRZE

1 Alle Schnittteile zuschneiden.

2 Den Schürzenteil und das Futterband rundherum mit Zickzack-Stich versäubern. Das Futterband mit dem Oberteil der Schürze rechts auf rechts feststecken und an drei Seiten (oben und seitlich) zusammennähen. Den festgenähten Innenteil wenden und die Kanten umbügeln.

3 Die Bindebänder in der Mitte rechts auf rechts umbügeln und auf einer Seite links und rechts spitz zuschneiden und seitlich zusammennähen, eine kleine Öffnung auf der Längsseite bleibt offen zum Wenden. Danach mit einem Kochlöffelstiel wenden und flachbügeln. Dasselbe mit dem Nackenband machen, hier beide Seiten zu einer Spitze schneiden und abnähen. Danach die kleinen Wendeöffnungen schließen.

4 Alle noch offenen Seitenteile der Schürze 1 cm umbügeln und absteppen. Die Bindebänder nicht vergessen und diese jeweils links und rechts mit unter den Saum nähen.

Nach dem Annähen die Bindebänder noch mal nach außen klappen und auch an der Außenkante festnähen.

5 Das Taschenband links auf links in der Mitte zusammenbügeln und rechts auf rechts auf den oberen Taschenrand nähen. Die Kanten der Naht mit Zickzack-Stich versäubern, den Taschenrand nach oben klappen und die restlichen Kanten der Tasche ebenfalls mit Zickzack-Stich versäubern.

6 Die Seiten- und Unterkante der Taschen 1 cm umbügeln und mittig in die Schürze (auf Höhe der Bindebänder) feststecken und an drei Seiten knappkantig festnähen.

7 Links und rechts an der Oberkante laut Markierung zwei Knopflöcher einnähen. Das Nackenband von hinten durchfädeln und mit einem Knoten fixieren. So kann das Nackenband auf die gewünschte Länge eingestellt werden.

ZWEIHAND-TOPFLAPPEN

1 Bei allen drei Teilen des Topflappens jeweils den Stoff 1, das Vlies und den Stoff 2 füßchenbreit an den Kanten zusammennähen, dabei sollte die rechte Seite des Stoffs jeweils sichtbar sein.

2 Alle Kanten der drei Teile mit Zickzack-Stich versäubern und bei Teil 2 und 3 die gerade Kante mit dem Schrägband einfassen.

3 Teil 2 und Teil 3 jeweils bündig mit der Außenkante (Stoff 2 auf Stoff 2) feststecken und füßchenbreit zusammennähen. Die Kanten mit dem Schrägband einfassen und in der Mitte oben eine kleine Schrägbandschlaufe festnähen.

DANA & CARL

MINI-HAMBURGER

ca. 6 Portionen | ca. 30 Minuten

ZUTATEN

- 200 g Hackfleisch
- 2 Blätter Eisbergsalat
- 3 Kirschtomaten
- 6 Minibrötchen
- 1 große Gewürzgurke
- 3 Scheiben Schmelzkäse
- Salz und Pfeffer
- etwas Öl zum Braten
- Ketchup und Mayonnaise

Das Hackfleisch mit Salz und Pfeffer würzen und in 6 gleich große Hamburger formen. Diese sollten sehr dünn sein. In der Pfanne mit etwas Öl braten. Im Backofen bei etwa 150°C warmstellen und jeweils einen Teil einer Scheibe Käse über das Fleisch legen.

ZUBEREITUNG

Den Eisbergsalat fein schneiden. Die Unterseite der Brötchen mit Mayonnaise bestreichen, darauf den Teil eines Salatblatts und eine Tomatenscheibe legen. Das Fleisch mit dem Käse darüber legen. Eine Gurkenscheibe darüber geben. Die Oberseite des Brötchens mit Ketchup bestreichen und alles mit einem Zahnstocher zusammenheften.

SHRIMPS IM BACONMANTEL

ca. 4 Portionen | ca. 30 Minuten

ZUTATEN

- 1 EL Butter
- 1 kleine Zwiebel, fein gehackt
- 180 g Ketchup
- 3 EL Worcester-Sauce
- 2 EL Steak-Sauce
- 1 EL Apfelessig
- 3 EL brauner Zucker
- 60 ml Wasser
- 1 Spritzer Tabasco
- 16 große Shrimps, aus der Schale gelöst, ohne Darm
- 6 Scheiben Bacon

Die Butter in einem Topf bei schwacher Hitze zerlassen. Die Zwiebel darin 5 Minuten glasig braten. Ketchup, Worcester- und Steaksauce, Essig, Zucker, Wasser und Tabasco hinzufügen. Zum Kochen bringen, die Hitze reduzieren und 20 Minuten im offenen Topf köcheln lassen. Die Barbecuesauce zum Abkühlen beiseite stellen.

ZUBEREITUNG

Die Garnelen 30 Minuten in der abgekühlten Sauce marinieren. Inzwischen den Grill anheizen. Die Speckscheiben quer in Drittel schneiden. Die Garnelen aus der Sauce nehmen und jede mit einem Stück Speck umwickeln. Dann auf gewässerte Spieße stecken und

bei starker Hitze auf jeder Seite etwa 3 Minuten grillen, bis der Speck knusprig ist. Die verbliebene Barbecuesauce nochmals erhitzen und dazu reichen.

MATERIAL

- Alte Jeans
- Stoff 1: Baumwollstoff Vichy Karo in Rosa-Weiß, 83 cm x 110 cm

NAHTZUGABE

1 cm Nahtzugabe ist bereits im Schnitt enthalten.

ZUSCHNITT

Stoff 1:
- 1x „Dana Rockvolant"
- 2x „Dana Bänder"
- 1x „Dana Bund"
- 2x „Dana Nackenbänder"
- 1x „Dana Rüschen"

BOGEN 1

Hellrote Linien

DANA

Ob Sie nun Spiegeleier brutzeln, Zwiebeln schneiden oder erst noch die Rinder mit dem Lasso einfangen müssen – mit dieser rustikalen Schürze bekommt jede Küchenarbeit einen fröhlichen Twist. Praktischerweise wird die wertvolle Kleidung auch gleich noch vor unschönen Fettspritzern und Soßenklecksen bewahrt.

ANLEITUNG

1 Die Jeans in der Mitte falten und je nach gewünschter Länge unter den Gesäßtaschen gerade am Bein abschneiden. Den Reißverschluss oder die Knopfleiste entfernen und die Seiten links und rechts zurechtschneiden.

2 Aus einem Hosenbein ein 43 cm x 27 cm (aufgeklappt) großes Stück schneiden, eine Seitennaht wegschneiden, die andere Seitennaht wird die Mitte des Schürzenoberteils.

3 Die Bindebänder in der Mitte rechts auf rechts umbügeln und oben und seitlich zusammennähen, eine Schmalseite bleibt offen für das Wenden. Danach mit einem Stift oder Kochlöffelstiel wenden und flachbügeln.

4 Für die Rüschen den Stoff links auf links in der Mitte falten, anschließend den Stoff in Falten legen und absteppen, sodass eine Raffung entsteht. Das Rüschenband auf die Länge der Schmalkante des Oberteils zuschneiden und rechts auf rechts feststecken, zusammennähen und die Kanten der zusammengenähten Teile mit Zickzack-Stich versäubern.

5 Die Nackenbänder seitlich vom Oberteil jeweils rechts auf links füßchenbreit festnähen. Danach die offenen Seiten der Bänder 1 cm umbügeln und nach vorne klappen. Die Bänder zusammenfalten, auf dem Oberteil feststecken und knappkantig absteppen.

6 Mittig am Oberteil ein kleines Satinschleifchen festnähen. Die Unterkante des fertigen Oberteils versäubern und 1 cm von links auf rechts umbügeln.

7 Den Rockvolant entlang einer langen Schnittkante mit der Hand oder mit der Nähmaschine (Fadenspannung lockern, große Stiche) durch einen Hilfsfaden leicht einkräuseln. Den Rockvolant auf die Breite der Jeansschürze zusammenziehen und die Rüschen gleichmäßig verteilen. Rechts auf rechts am Schürzenrand feststecken und festnähen. Anschließend den Hilfsfaden herausziehen und die Kanten mit Zickzack-Stich versäubern. Den Volant nach unten klappen und die versäuberten Kanten der Schürze 1 cm umbügeln und absteppen.

8 Den Bund rechts auf links an den Schürzenbund füßchenbreit festnähen, den Bund hochklappen und 1 cm umbügeln, danach nach vorne klappen und entlang der Naht feststecken. Das Oberteil in der Mitte der Schürze auf die gewünschte Höhe an der aufgeklappten Rückseite des Bundes mit verdeckten Kanten oben und unten festnähen. Den offenen Bund nun nach vorne klappen. Die Seiten des Bundes einschlagen, die Bänder in den Bund stecken und mit Stecknadeln fixieren. Den Bund knappkantig absteppen.

CARL

MATERIAL

- Stoff 1: Baumwollstoff mit Rauten in Grün-Blau-Weiß, 80 cm x 52 cm (Schürze) und 55 cm x 67 cm (Tasche und Zubehör)
- Stoff 2: Baumwollköper in hellem Beige, 110 cm x 22 cm (Bänder) und 55 cm x 50 cm (Zubehör)
- Schrägband zum Einfassen in Grün, 1,90 m
- Volumenvlies, 55 cm x 50 cm (Zubehör)

NAHTZUGABE

1 cm Nahtzugabe ist bereits im Schnitt enthalten.

ZUSCHNITT

Stoff 1:

- 1x Schnittteil „Carl Schürze" (im Stoffbruch)
- 1x Schnittteil „Carl Tasche"
- Je 1x Schnittteil „Carl Topfhandschuh" Teil 1, Teil 2 und Teil 3
- Je 1x Schnittteil „Carl Topflappen" Teil 1, Teil 2 und Teil 3

Stoff 2:

- 2x Schnittteil „Carl Bund" (im Stoffbruch)
- je 1x Schnittteil „Carl Topfhandschuh" Teil 1, Teil 2 und Teil 3
- je 1x Schnittteil „Carl Topflappen" Teil 1, Teil 2 und Teil 3

Volumenvlies:

- Je 1x Schnittteil „Carl Topfhandschuh" Teil 1, Teil 2 und Teil 3
- Je 1x Schnittteil „Carl Topflappen" Teil 1, Teil 2 und Teil 3

BOGEN 2

Grüne Linien

Den Grillmeister können Sie in vollen Zügen mit der Grillschürze ausleben. Ob Burger, Spare Ribs oder Steaks – mit Carl gelingt Ihnen jedes Grillfest!

SCHÜRZE

1 Alle Schnittteile zuschneiden.

2 Die Tasche an der Oberkante mit dem Schrägband einfassen. Die seitlichen Kanten mit Zickzack-Stich versäubern.

3 Die Seitenkanten der Tasche 1 cm von rechts auf links umbügeln und mittig 12 cm von der Schürzenoberkante feststecken. Links, rechts und unten die Tasche knappkantig festnähen.

4 Die Seiten- und Unterkante der Schürze 5 mm umbügeln und noch mal ca. 1 cm umschlagen, sodass eine saubere und gleichmäßige Saumkante entsteht, mit Nadeln feststecken und mit der Nähmaschine entlang der Kante absteppen.

5 Die beiden Bindebänder an einer Schmalseite rechts auf rechts zusammennähen, sodass ein langes Band entsteht. Die Naht auseinander bügeln und auf die Mitte des (Band rechts auf linke Schürzenseite) Schürzenteils festnähen. Die Nahtkante nach oben bügeln. Auch bei den Bändern die Kanten ca. 5 mm umbügeln und auf die Naht nach vorne klappen. Die Bänder-Enden auch 5 mm umbügeln und nach innen klappen. Das Band über die gesamte Länge, beginnend an einer Schmalseite, knappkantig absteppen.

TOPFHANDSCHUH

1 Bei allen drei Teilen des Topfhandschuhs jeweils Stoff 1, das Vlies und Stoff 2 füßchenbreit an den Kanten zusammennähen, dabei sollte die rechte Seite des Stoffs jeweils außen sein. Die Kanten mit Zickzack-Stich versäubern.

2 Teil 1 und 2 unten bündig zusammenlegen und an den Längskanten feststecken (Stoff 2 ist sichtbar). Teil 3 in die Mitte von Teil 1 und Teil 2 feststecken (Stoff 2 ist sichtbar). Die Hand nun in den Handschuh stecken, wobei der Daumen im kürzeren Teil und die anderen Finger im längeren Teil Platz finden sollten. Die Teile so zusammenstecken, dass für alle Finger ausreichend Platz ist. Die Seiten und die oberen Rundungen Kante an Kante zusammennähen. Unten bleibt der Handschuh zum Wenden offen.

3 Den Topfhandschuh wenden. Die offene Kante an der Unterseite mit dem Schrägband einfassen und eine Schlaufe zum Aufhängen aus dem Schrägband mitnähen.

TOPFLAPPEN

1 Bei allen 3 Teilen des Topflappens jeweils Stoff 1, das Vlies und Stoff 2 füßchenbreit an den Kanten links auf links zusammennähen.

2 Alle Kanten der drei Teile mit Zickzack-Stich versäubern und bei Teil 2 und 3 die gerade Kante mit dem Schrägband einfassen.

3 Teil 2 und Teil 3 jeweils bündig mit der Außenkante (Stoff 1 zeigt jeweils nach außen) feststecken und füßchenbreit zusammennähen. Die Kanten mit dem Schrägband einfassen und am Ende eine kleine Schlaufe aus dem Schrägband festnähen.

WODKA ESPRESSO

1 Glas | ca. 5 Minuten

ZUTATEN

- 5 cl Wodka
- 2,5 cl Espresso
- 0,5 cl Zuckersirup
- Eiswürfel
- Kaffeebohnen

ZUBEREITUNG

Wodka, Espresso und Zuckersirup zusammen mit einigen Eiswürfeln im Shaker kräftig mischen. Die Mischung in ein mit einigen Eiswürfeln gefülltes Glas geben, die zum Mischen verwendeten Eiswürfel bleiben im Shaker. Durch die Mischung von Zuckersirup und Espresso entsteht etwas Schaum, auf den man 3 Kaffeebohnen legen kann.

BLUE MOON

1 Glas | ca. 5 Minuten

ZUTATEN

- 3 cl Gin
- 1 cl Curacao Blue
- 1 cl Cointreau
- 3 cl Ananassaft
- 10 cl Limonade
- Eiswürfel

ZUBEREITUNG

Alle Zutaten – außer der Limonade – mit einigen Eiswürfeln im Shaker mischen. Ein Glas mit einigen Eiswürfeln füllen und die Mischung dazugeben. Mit der Limonade auffüllen.

IPANEMA

1 Glas | ca. 5 Minuten

ZUTATEN

- 1/2 Limette
- 2 EL brauner Rohrzucker
- Maracujasaft
- Ginger Ale
- Zerstoßenes Eis

ZUBEREITUNG

Limette vierteln und im Glas stößeln. Rohrzucker und zerstoßenes Eis dazugeben. Das Glas jeweils zur Hälfte mit Maracujasaft und Ginger Ale auffüllen.

JAMES

Geben Sie sich wie ein professioneller Bartender, wenn Sie das nächste Mal Freunde einladen, und setzen Sie auf James.
Die lange Schürze in stylischem Schwarz und einem reduzierten, edlen Look lässt jeden Cocktail noch besser schmecken und macht das Cocktailmixen richtig sexy!

MATERIAL

- Stoff 1: Baumwollstoff in Schwarz, 160 cm x 110 cm
- Streifenband zum Einfassen, 38 cm lang
- Klettverschlussband, 6 cm lang

NAHTZUGABE

1 cm Nahtzugabe ist bereits im Schnitt enthalten.

ZUSCHNITT

Stoff 1:
- 1x Schnittteil „James Schürze" (im Stoffbruch)
- 2x Schnittteil „James Tasche"
- 2x Schnittteil „James Bänder"
- 1x Schnittteil „James Oberteil Innenfutter" (im Stoffbruch)
- 2x Schnittteil „James Nackenband"

BOGEN 2

Petrolfarbene Linien

ANLEITUNG

1 Alle Schnittteile zuschneiden.

2 Den Schürzenteil, das Oberteil und die Taschen rundherum mit Zickzack-Stich versäubern. Die Nackenbandteile nur auf einer Seite der Schürze und am Innenteil rechts auf rechts festnähen. Das Innenteil samt Nackenband mit dem Schürzenteil rechts auf rechts feststecken und die Teile zusammennähen, ausgenommen die untere gerade Kante des Innenteils. Den festgenähten Innenteil samt Nackenband wenden und die Kanten umbügeln.

3 Die beiden Bindebänder können links auf links mit eingebügelten Kanten zusammengenäht werden.

4 Auf der offenen Seite des Nackenbands und dem offenen Schürzenträger die beiden Seiten des Klettverschlusses festnähen, von rechts auf das Nackenband, von links auf den Schürzenträger.

5 Alle noch offenen Seitenteile der Schürze 1 cm umbügeln und absteppen, auch die Teile mit dem Innenteil. Dabei die Bänder links und rechts jeweils unter den umgebügelten Saum feststecken und annähen. Danach die Bänder rausklappen und auch an der Außenkante knappkantig absteppen.

6 Die Oberkante beider Taschenteile 1 cm umbügeln, ebenso die Seiten- und Unterkante 1 cm umbügeln, die Oberkante knappkantig absteppen und gleichzeitig das Streifenband am oberen Rand festnähen. Links und rechts das Streifenband etwas überstehen lassen, um es später nach hinten einschlagen zu können.

7 Die fertigen Taschen jeweils 13 cm von oben (gemessen von der oberen Kante der Bindebänder) und 13 cm von der Seite feststecken und knappkantig festnähen.

KLARA

MATERIAL

- Stoff 1: Polyester-Anzugstoff in Schwarz, 60 cm x 80 cm
- Stoff 2: Baumwollstoff in Blau, 73 cm x 100 cm
- 1 Satinschleifchen

NAHTZUGABE

1 cm Nahtzugabe ist bereits im Schnitt enthalten.

ZUSCHNITT

Stoff 1:

- 1x Schnittteil „Klara Oberteil" (im Stoffbruch)
- 1x Schnittteil „Klara Unterteil" (im Stoffbruch)

Stoff 2:

- 1x Schnittteil „Klara Mittelteil" (im Stoffbruch)
- 1x Schnittteil „Klara Tasche" (Stoff doppelt legen, ergibt 1 linke und 1 rechte Tasche)
- 2x Schnittteil „Klara Nackenband" (ergibt 2 Bänder)
- 2x Schnittteil „Klara Bindebänder" (ergibt 2 Bänder)

BOGEN 1

Braune Linien

Es wird wild an der Hausbar? Dann ist Klara die richtige Schürze für Sie. Mit dem blauen Leo-Print sind Sie der Hingucker bei jeder Party. Eine herrliche Partyschürze für experimentierfreudige und weltgewandte Mixer.

1 Alle Schnittteile zuschneiden.

2 Oberteil mit der Schnittkante A auf den Mittelteil mit der Schnittkante A rechts auf rechts feststecken und zusammennähen, ebenso mit dem Unterteil mit der Schnittkante B auf dem Mittelteil mit der Schnittkante B verfahren. Jeweils links und rechts am Oberteil ein Nackenband festnähen. Danach alle Teile umklappen und flachbügeln. Die zusammengenähten Stoffränder mit Zickzack-Stich versäubern.

3 Taschenteile mit Zickzack-Stich versäubern. Oberkante 2 cm umbügeln, die Seiten- und Unterkante 1 cm umbügeln, die Oberkante knappkantig absteppen.

4 Bindebänder in der Mitte rechts auf rechts umbügeln und oben und seitlich zusammennähen, eine Schmalseite bleibt offen fürs Wenden. Danach mit einem Kochlöffelstiel wenden und flachbügeln. Die Wendeöffnung schließen.

5 Die kompletten Seitenränder der gesamten Schürze nun mit Zickzack-Stich versäubern. Die versäuberten Kanten 1 cm umbügeln und mit Abstand vom Rand festnähen. Die Bindebänder nicht vergessen und jeweils links und rechts mit unter den Saum nähen. Nach dem Annähen die Bindebänder noch mal nach außen klappen und auch an der Außenkante festnähen.

6 Schleifchen an der Ausschnittspitze mit ein paar Stichen festnähen.

7 Beide oder nur eine Tasche jeweils unten mit der Kante B abschließend feststecken und unten und an den Seiten knappkantig festnähen.

ANLEITUNG

MACARONS

ca. 25 Stück | ca. 20 Minuten

ZUTATEN

FÜR DIE MACARONS:
- 3 Eiweiß
- 25 g Zucker
- 1 Prise Salz
- 110 g gemahlene Mandeln
- 200 g Puderzucker

FÜR DIE FÜLLUNG:
- 250 g warme Butter
- 140 g Zucker
- 160 g gemahlene Mandeln
- Vanillemark

ZUBEREITUNG

Puderzucker und gemahlene Mandeln zusammen in eine Schüssel sieben und vermischen. Den Vorgang zwei- bis dreimal wiederholen. Eiweiß und Salz aufschlagen und den Zucker langsam einrieseln lassen. Nun das Eiweiß solange schlagen, bis es schnittfest ist. Jetzt die Puderzucker-Mandelmischung langsam unterheben. Es sollte eine glänzende, dickflüssige Masse sein.

Die Masse in einen Spritzbeutel mit großer Lochtülle füllen und auf ein mit Backpapier überzogenes Backblech Kreise spritzen. 50 Minuten antrocknen lassen. Dann bei 140 °C Umluft etwa 15 Minuten backen.

Nach dem Backen die Macarons auskühlen lassen und für 24 Std. in eine verschließbare Dose geben.

Die gemahlenen Mandeln, den Zucker und das ausgekratzte Mark einer Vanilleschote zu der warmen Butter geben und vermischen. Dann jeweils auf eine Hälfte der Macarons geben und die zweite Hälfte Macarons daraufsetzen. 30 Minuten im Kühlschrank fest werden lassen.

ORANGEN-CUPCAKES

ca. 12 Portionen | ca. 25 Minuten

ZUTATEN

FÜR DEN TEIG:
- 2 Eier
- 150 g Zucker
- 120 g weiche Butter
- 2 TL Backpulver
- 1 Prise Salz
- 2 TL abgeriebene Zitronenschale
- 175 g Mehl
- 120 ml Milch

FÜR DIE CREME:
- 80 g weiche Butter
- 300 g Frischkäse, Doppelrahmstufe
- 40 g Puderzucker
- 5 EL Orangensirup

ZUBEREITUNG

Für den Teig Eier und Zucker schaumig schlagen. Die Butter dazugeben und gut vermischen. Backpulver, Salz, Zitronenschale und Mehl kurz unterrühren und langsam die Milch hinzufügen.

Den Teig in die mit Backförmchen ausgelegte Muffinform füllen. Im vorgeheizten Backofen bei 180 °C ca. 30 Minuten backen.

Für die Creme die Butter schaumig schlagen. Frischkäse und Puderzucker dazugeben und gut vermischen. Den Sirup unter die Frischkäse-Creme mischen.

Die Creme mit einem Spachtel auf den ausgekühlten Cupcakes verteilen. Nach Wunsch mit Fruchtgummis oder Zuckerstreuseln dekorieren.

JULIA

MATERIAL

- Stoff 1: Baumwollstoff in Pastelltönen, 82 cm x 82 cm
- Stoff 2: Baumwollstoff in Hellbraun-Beige, 64 cm x 110 cm
- Klettverschluss, 5 cm

NAHTZUGABE

1 cm Nahtzugabe ist bereits im Schnitt enthalten.

ZUSCHNITT

Stoff 1:

- 1x Schnittteil „Julia Schürze" (im Stoffbruch)
- 1x Schnittteil „Julia Oberteil" (im Stoffbruch)
- 1x Schnittteil „Julia Tasche"

Stoff 2:

- 1x Schnittteil „Julia Bund" (im Stoffbruch)
- 2x Schnittteil „Julia Bänder" (im Stoffbruch)
- 1x Schnittteil „Julia Halsband" (im Stoffbruch)
- 1x Schnittteil „Julia Rüschenvolant" (im Stoffbruch)
- 1x Schnittteil „Julia Taschenband"

BOGEN 2

Hellbraune Linien

Werden Sie zur Superbäckerin mit Julia. Mit dem tollen Macarons-Print werden Sie sich auch in der Küche modisch und stilvoll gekleidet wiederfinden. Alle werden nach dieser Schürze fragen.

1 Alle Schnittteile zuschneiden.

2 Die Stoffkanten der Schnittteile „Schürze" und „Oberteil" aus Stoff 1 und des Rüschenvolant aus Stoff 2 mit Zickzack-Stich versäubern.

3 Die beiden Bindebänder rechts auf rechts zusammennähen, dabei eine Wendeöffnung lassen. Die Bänder wenden und flachbügeln, die Öffnung schließen.

4 An der Oberkante des Rüschenvolants sieben kleine Kellerfalten im Abstand von ca. 10 cm feststecken. Der Volant sollte die Breite des Schürzenteils haben. Den Volant rechts auf rechts am unteren Schürzenteil feststecken und füßchenbreit absteppen. Die Kanten der Naht mit Zickzack-Stich versäubern und den Volant nach unten klappen.

5 Die versäuberten Seitenkanten und die Unterkante der Schürze samt Rüschenvolant seitlich und unten 1 cm umbügeln und füßchenbreit absteppen. Der Bund bleibt offen.

6 Die Brustabnäher laut Markierung links und rechts einnähen. Danach die Seitenkanten des Oberteils 1 cm umbügeln und füßchenbreit absteppen.

7 Entlang der oberen und unteren Schnittkanten das Oberteil mit der Hand oder mit der Nähmaschine (Fadenspannung lockern, große Stiche) durch einen Hilfsfaden einkräuseln. Die obere Kante auf ca. 15 cm und die untere auf ca. 25 cm (oder die gewünschte Breite) zusammenziehen und die Rüschen gleichmäßig verschieben und verteilen.

8 Die untere Kante des Oberteils links auf links am oberen Schürzenrand in der Mitte feststecken. Den Bund rechts auf rechts darauf feststecken und alle drei Teile füßchenbreit zusammennähen. Anschließend den Hilfsfaden, der zur Rüschung benutzt wurde, herausziehen. Die Nahtkante nach oben bügeln und die offene Kante des Bundes ebenfalls 5 mm umbügeln und auf die Naht nach vorne klappen. Dabei das Oberteil von hinten nach oben klappen. Die fertigen Bänder links und rechts jeweils unter den umgebügelten Seitenteilen des Bundes feststecken und knappkantig absteppen. Den Bund feststecken und entlang der Naht knappkantig absteppen. Zum Schluss noch das Oberteil auf die Breite des Oberteils am oberen Bundrand festnähen.

9 Auf die obere Kante des Oberteils das Halsband rechts auf links festnähen (rechte Seite des Bandes auf linke Schürzenseite). Die Nahtkante nach oben bügeln und die obere Kante des Halsbandes ebenfalls 5 mm umbügeln und auf die Naht nach vorne klappen. An den seitlichen Enden die Kanten ebenfalls 5 mm umbügeln und nach innen klappen. Das Halsband über die gesamte Länge, beginnend an einer Schmalseite, knappkantig absteppen. Vom Klettverschluss je einen Teil auf die Innenseite und auf die Außenseite festnähen.

10 Das Taschenband links auf links in der Mitte zusammenbügeln und rechts auf rechts auf den oberen Taschenrand nähen. Die Kanten der Naht mit Zickzack-Stich versäubern, den Taschenrand nach oben klappen und die restlichen Kanten der Tasche mit Zickzack-Stich ebenfalls versäubern.

11 Die Seiten- und Unterkante der Taschen 1 cm umbügeln, die fertige Tasche 10 cm von oben (gemessen von der Bundunterkante) und 10 cm von der Seite feststecken und knappkantig festnähen.

ANLEITUNG

SOPHIA

MATERIAL

- Stoff 1: Baumwollstoff in Türkis mit Blümchen und Rosen, 78 cm x 70 cm
- Stoff 2: Baumwollstoff in Gelb uni, 48 cm x 110 cm
- Satinband in Pink, 90 cm lang

NAHTZUGABE

1 cm Nahtzugabe ist bereits im Schnitt enthalten.

ZUSCHNITT

Stoff 1:

- 1x Schnittteil „Sophia Schürze" (im Stoffbruch)
- 1x Schnittteil „Sophia Tasche" (im Stoffbruch)
- 1x Schnittteil „Sophia Taschenband"

Stoff 2:

- 2x Schnittteil „Sophia Bänder" (im Stoffbruch)
- 2x Schnittteil „Sophia Rüschenband Schürze" (im Stoffbruch)
- 1x Schnittteil „Sophia Rüschen Tasche" (im Stoffbruch)

BOGEN 1

Hellgrüne Linien

Wenn Sie die Cupcake-Königin in Ihrem Bekanntenkreis sind oder demnächst in einer Kochshow auftreten, brauchen Sie eine Schürze, die Sie und Ihre Künste in Szene setzt. Mit der zauberhaft verspielten Sophia stehlen Sie allen die Show!

ANLEITUNG

1 Alle Schnittteile zuschneiden.

2 Die beiden Bänder auf einer Schmalseite rechts auf rechts zusammennähen, um ein ganz langes Band zu erhalten. Danach den Stoff in der Mitte rechts auf rechts umbügeln. Die linke und die rechte Seite schräg abnähen. Von der Mittelnaht jeweils links und rechts eine Öffnung von 25 cm lassen, sodass eine Öffnung von insgesamt 50 cm entsteht – hier kommt später die Schürze hinein. Die zusammengenähten Bänder mit einem Kochlöffelstiel durch die Öffnung wenden und flachbügeln.

Die Rüschenbänder für die Schürze auf einer Schmalseite rechts auf rechts zusammennähen. Die abgesteppte Stoffkante mit Zickzack-Stich versäubern und auf einer Längsseite die gesamte Kante versäubern. Die versäuberte Kante 1 cm umbügeln und füßchenbreit absteppen. Die Schnittkanten mit der Hand oder mit der Nähmaschine (Fadenspannung lockern, große Stiche) durch einen Hilfsfaden einkräuseln. Das Rüschenband zusammenziehen und die Rüschen gleichmäßig verschieben und verteilen. Rechts auf rechts am Schürzenrand feststecken und festnähen. Anschließend den Hilfsfaden herausziehen und die Kanten versäubern. Die Rüschen nach außen und die versäuberte Stoffkante nach innen bügeln. Die Rüschen noch mal knappkantig am Schürzenrand absteppen.

3 Die fertig umrandete Schürze in die Mitte der Öffnung beim Bindeband feststecken und knappkantig absteppen. Den Rest der Öffnung nun auch zusammennähen.

4 Die Kanten der Tasche und des Taschenbandes versäubern. Das Rüschenband wie in Punkt 3 beschrieben versäubern, nähen und einkräuseln. In die Mitte am oberen Rand der Tasche eine kleine Kellerfalte legen und mit ein paar Stichen festnähen. Das Rüschenband auf die Breite der Taschenoberkante verschieben und rechts auf links feststecken, zugleich auch das Taschenband rechts auf rechts auf die Rüschen stecken, alle drei Kanten zusammennähen und versäubern. Das Taschenband aufklappen und nach hinten bügeln. Die Kanten der Tasche nun 1 cm umbügeln und die Oberkante knappkantig absteppen.

5 Die fertige Tasche 9 cm von oben (gemessen von der Bundunterkante) und 5 cm von der Seite feststecken und an 3 Seiten knappkantig festnähen.

6 Das Satinband in der Mitte auseinanderschneiden, danach mittig am Bund mit jeweils 20 cm Überlappung in der Mitte festnähen. Aus dem überstehenden Satinband in der Mitte eine Schleife binden.

LEMON CHEESECAKE

ca. 10 Portionen | ca. 40 Minuten

ZUTATEN

FÜR DEN TEIG:
- 75 g weiche Butter
- 35 g Zucker
- 1 Prise Salz
- 1 Ei
- 75 g Mehl
- 2 TL Kakao
- 1 Messerspitze Backpulver
- 2 EL Milch
- 1 Päckchen Vanillinzucker

FÜR DEN BELAG:
- 100 g Zucker
- 500 ml Wasser
- 1 Beutel Götterspeise Zitrone
- 250 g Sahne
- 250 g Quark (Magerstufe)
- 1 Päckchen Vanillinzucker
- 1 EL Zucker
- 3 EL Zitronensaft
- 2 TL Zitronenschale
- 2 Tropfen Zitronat
- 1 Päckchen Sahnesteif

ZUBEREITUNG

Den Beutel Götterspeise mit 100 g Zucker in einem Topf mischen, das Wasser dazugeben, mit einem Kochlöffel verrühren und unter Rühren erhitzen (nicht kochen lassen) bis alles aufgelöst ist. Nun bei Zimmertemperatur abkühlen lassen.

Die weiche Butter in einer Rührschüssel mit dem Mixer geschmeidig rühren. Nach und nach Zucker, Vanillinzucker und Salz unter Rühren dazugeben. Das Ei auf höchster Stufe unterrühren. Das Mehl mit dem Kakao und dem Backpulver mischen, über die Masse sieben und mit der Milch kurz unterrühren.

Eine Springform mit Backpapier auslegen, den unteren Rand leicht einfetten, den Teig einfüllen und glatt streichen. Nun in den auf 180 °C vorgeheizten Backofen geben und ca. 15 Minuten backen. Nach der Backzeit den Springformrand entfernen, den Kuchen auf einem mit Backpapier belegten Kuchenrost stürzen und erkalten lassen.

Für den Belag Quark, 1 EL Zucker, Vanillinzucker, Zitronensaft, 150 ml von der abgekühlten, noch flüssigen Götterspeise, Zitronenschale und dem Zitronat verrühren. Die Sahne mit dem Sahnesteif steif schlagen, unter die Quarkmasse heben. Den Boden auf eine Tortenplatte legen, den sauberen Springformrand um den Boden stellen. Die Quarkmasse auf den Boden geben und für ca. 1 1/2 Stunden in den Kühlschrank stellen. Nach dieser Kühlzeit die restliche Götterspeise über die Torte gießen und am besten über Nacht in den Kühlschrank stellen.

LUCY

MATERIAL

- Stoff 1: Baumwollstoff mit Tortenstücken, 100 cm x 80 cm
- Stoff 2: Baumwollstoff in Pink, 73 cm x 60 cm
- Satinschleifchen in Rosa
- Spitzenborte, 17 cm
- Vliesofix, Rest

NAHTZUGABE

1 cm Nahtzugabe ist bereits im Schnitt enthalten.

ZUSCHNITT

Stoff 1:
- 1x Schnittteil „Lucy Schürze" (im Stoffbruch)
- 2x Schnittteil „Lucy Nackenband"

Stoff 2:
- 1x Schnittteil „Lucy Tasche" (im Stoffbruch)
- 2x Schnittteil „Lucy Bindebänder"

BOGEN 1

Hellblaue Linien

Wenn es ums Backen von Cupcakes geht, kann Ihnen niemand etwas vormachen? Weil Sie bei der Schöpfung neuester Kreationen aber nicht vor jedem Malheur gefeit sind, kommt Ihnen Lucy nun zur Hilfe. Auf dieser Schürze befinden sich, wie es sich für eine richtige Torten-Bäckerin gehört, diverse süß verzierte, kleine Törtchen. Eine bessere Inspirationsquelle werden Sie für Ihr nächstes Backvorhaben nirgendwo anders finden.

ANLEITUNG

1 Alle Schnittteile zuschneiden.

2 An den beiden Oberteil-Trägern je ein Nackenband rechts auf rechts festnähen. Danach umklappen. Die zusammengenähten Stoffränder mit Zickzack-Stich versäubern.

3 Bindebänder in der Mitte rechts auf rechts umbügeln und oben und seitlich zusammennähen, eine Schmalseite bleibt offen zum Wenden. Danach mit einem Kochlöffelstiel wenden, die Wendeöffnung schließen und die Bänder flachbügeln.

4 Die kompletten Seitenränder der gesamten Schürze nun mit Zickzack-Stich versäubern. Die versäuberten Kanten 1 cm umbügeln und mit ca. 5 mm Abstand vom Rand festnähen. Die Bindebänder nicht vergessen und jeweils links und rechts mit unter den Saum nähen. Nach dem Annähen die Bindebänder noch mal nach außen klappen und auch an der Außenkante festnähen.

5 Tasche rundherum mit Zickzack-Stich versäubern. Taschenkanten 1 cm einbügeln, links und rechts nur in den Rundungen knappkantig absteppen. Spitzenborte am oberen Rand der Tasche festnähen, Ränder ebenfalls umklappen.

6 Die fertige Tasche mittig auf die Schürze nähen. Das Schleifchen an der Ausschnittspitze mit ein paar Stichen festnähen. Nach Wunsch aus einem Stoffrest eine Torte applizieren. Dazu Vliesofix auf die linke Stoffseite des Tortenstoffes bügeln, eine Torte ausschneiden und diese knappkantig auf die Schürze nähen.

MUG RUG, SERVIETTE UND TISCHDECKCHEN

Der perfekte Platz für Ihre Tasse! Mug Rugs und Tischdeckchen sind praktisch und schaffen ein wohliges Ambiente.

MATERIAL

- Stoff 1: Baumwollstoff in Türkis mit Tortenstücken, 45 cm x 100 cm
- Stoff 2: Baumwollstoff in Pink, 12 cm x 21 cm
- Baumwollspitzenband in Weiß, 21 cm lang
- Volumenvlies, 28 cm x 28 cm

NAHTZUGABE

1 cm Nahtzugabe ist bereits im Schnitt enthalten.

ZUSCHNITT

Stoff 1:
- 2x „Lucy Mug Rug"
- 1x „Lucy Tischdeckchen"
- 1x „Lucy Serviette"

Stoff 2:
- 2x „Lucy Mug Rug Streifen"

Volumenvlies:
- 1x Lucy „Mug Rug"

BOGEN 1

Petrolfarbene Linien

ANLEITUNG

MUG RUG

1 Alle Schnittteile Mug Rug zuschneiden.

2 Jeweils einen Mug-Rug-Teil (Stoff 1) und einen Streifen (Stoff 2) rechts auf rechts zusammenlegen, einmal in die Mitte der beiden Stoffe die Baumwollspitze legen und an einer Schmalseite zusammennähen.

3 Die beiden Teile auseinanderklappen und flachbügeln. Die beiden Mug-Rug-Teile rechts auf rechts legen und das Volumenvlies auf einer linken Seite festbügeln. Die drei Teile rundherum füßchenbreit absteppen, dabei an der langen Seite eine 7 cm lange Öffnung zum Wenden frei lassen. Den Stoff wenden und die Wendeöffnung schließen.

4 Den gewendeten Mug Rug flachbügeln und den vorderen Teil (Stoff 1) mit mehreren Längs- und Quernähten absteppen. Danach die Kanten (mitsamt der Öffnung) knappkantig feststeppen und füßchenbreit noch eine weiteres Mal absteppen.

SERVIETTE UND TISCHDECKCHEN

1 Die Schnittteile zuschneiden.

2 Die Seitenkanten 5 mm umbügeln, danach erneut umbügeln, sodass ein schöner Saum entsteht und rundherum an der Sauminnenkante absteppen.

Wichtige Fachbegriffe

FADENLAUF Bei gewebten Stoffen werden längs laufende Fäden Kettfäden, quer laufende Fäden Schussfäden genannt. Der Fadenlauf bezeichnet die Richtung des Kettfadens und verläuft normalerweise parallel zu den Webkanten. Sind an einem Stoffrest keine Webkanten mehr zu sehen und ist der Fadenlauf schwer erkennbar, wenn möglich am Rand einen Gewebefaden anziehen, der dann die Richtung weist. In Schnitten ist der Fadenlauf mit Pfeilen gekennzeichnet. Beim Auflegen der Schnittteile müssen diese Pfeile, wenn nicht anders angegeben, parallel zum Fadenlauf liegen.

STOFFBRUCH Für symmetrische Schnittteile ist oft nur der halbe Schnitt abgebildet. Eine gerade Kante markiert die Achse, an der das Schnittteil zur Vervollständigung gespiegelt werden muss. Diese Kante ist meist mit „Stoffbruch" beschriftet und/oder durch eine gestrichelte Linie markiert. Um die fehlende Hälfte gegengleich und ohne Naht zu ergänzen, wird der Stoff vor dem Zuschnitt gefaltet. Die gerade Kante des Schnittteils wird nun genau an diesem Knick, dem sogenannten Stoffbruch, angelegt und das Schnittteil aus dem doppelt gelegten Stoff ausgeschnitten. Bei Webstoff entspricht der Stoffbruch dem Fadenlauf.

GRUNDLAGEN

NAHT- UND SAUMZUGABE Zugaben sind die Stoffränder zwischen Nahtlinie (= Linie, auf der genäht wird) und Schnittkante. In diesem Buch sind die Nahtzugaben bereits in den Schnittmustern enthalten.

RECHTE/LINKE STOFFSEITE Die schöne Oberseite, die beim fertigen Modell außen zu sehen ist, wird als rechte, die Rückseite als linke Stoffseite bezeichnet.

RECHTS AUF RECHTS Ein Stoffteil wird mit der rechten Seite auf die rechte Seite eines anderen Stoffteils gelegt. Die linken Stoffseiten zeigen also jeweils nach außen.

WEBKANTE Beim Weben eines Stoffes entstehen seitlich in Längsrichtung die Webkanten, die parallel zum Fadenlauf liegen. Die Webkanten sind sauber abgeschlossen und fransen im Gegensatz zu Schnittkanten nicht aus. Da sie etwas fester sind als der restliche Stoff sollten sie, außer als Nahtzugaben, beim Zuschneiden nicht einbezogen werden.

Nähmaschine

Nähmaschinen werden, abhängig von ihrer Leistung, in verschiedene Kategorien eingeteilt. Es gibt eine große Bandbreite verschiedener Maschinen für die unterschiedlichsten Bedürfnisse, angefangen bei der einfachen Nähmaschine mit Nutz- und Zickzack-Stich bis hin zur computergesteuerten Maschine mit einer riesigen Auswahl an Sticharten für kompliziertere Arbeiten. Im Prinzip sind die wichtigsten Teile einer Nähmaschine bei allen Typen gleich, es kann jedoch je nach Fabrikat, Modell und Preisklasse Unterschiede im Aufbau geben.

Moderne Maschinen bieten oft praktische Extras, mit denen sich vieles bequemer nähen lässt. Zum Nähen von Kinderbekleidung und Röhrenformen, wie z. B. Ärmeln oder Hosenbeinen, ist ein Freiarm sehr wichtig. Für viele Näharbeiten, wie das Applizieren, ist außerdem der wählbare Nadelstopp im Stoff vorteilhaft. Genaue Informationen zu jeder Maschine finden sich in der zugehörigen Bedienungsanleitung.

TIPP | Bereits mit einer einfachen Nähmaschine gelingen die schönsten Modelle, praktischer Komfort kann die Freude am Nähen aber noch steigern. Einige Zubehörteile oder Funktionen erleichtern bestimmte Arbeitsschritte, andere sparen Zeit. Überlegen Sie vor dem Kauf genau, welche Funktionen Sie benötigen und welche Nähmaschine für Ihren Bedarf geeignet ist. Nehmen Sie sich außerdem Zeit für eine gründliche Beratung, damit Sie später viel Freude am Nähen haben.

Zubehör

SCHEREN

Zum Zuschneiden der Stoffe wird eine gute Schneiderschere benötigt, die Sie im Fachhandel erhalten. Diese Schere sollte auf keinen Fall für Papier verwendet werden, da sie dadurch sehr schnell stumpf wird.

Sinnvoll ist auch eine kleine Schere zum Durchtrennen von Fäden und zum Einschneiden der Nahtzugaben vor dem Wenden des Stoffes.

Zum Zuschneiden der Schnittvorlagen aus Papier reicht eine einfache Papierschere.

MASSBAND

Ein Maßband wird beim Nähen zum Abmessen von Längen und Abständen benötigt. Es ist außerdem praktisch, um die Länge der Schürzen individuell anzupassen und Nahtzugaben anzuzeichnen.

STECKNADELN

Es gibt sie in verschiedenen Ausführungen, mit großen Köpfen aus Kunststoff oder mit kleinen Metallköpfen. Für die Schürzen in diesem Buch eignen sich am besten Stecknadeln mit kleinen Metallköpfen. Sie tragen am wenigsten auf und man kann sie mit der Maschine problemlos übernähen.

HANDNÄHNADELN

Sie werden zum Heften der Stoffe benötigt. Für diese einfache Arbeit eignet sich eine schmale Nadel mit kleinem Öhr.

BUTTERBROTPAPIER

Zum Übertragen der Schnittmuster können Sie anstelle von speziellem Schnittmusterpapier auch einfaches Butterbrotpapier verwenden. Insbesondere bei kleinen Teilen – wie z. B. Taschen – reicht dieses meist aus.

TRICKMARKER/ AQUA-TRICKMARKER

Diese Marker sind zum Übertragen von Markierungen auf den Stoff gut geeignet. Die Markierungen verschwinden entweder nach kurzer Zeit von alleine oder werden mit klarem Wasser ausgewaschen. Testen Sie den Stift jedoch zuvor an einem kleinen Probestück.

ROLLSCHNEIDER

Mit dem Rollschneider, der in verschiedenen Größen erhältlich ist, werden Stoffe schnell und exakt zugeschnitten – sehr praktisch für Streifen und geometrische Formen. Um die Tischplatte zu schützen eine spezielle Schneidematte unterlegen.

WENDE-SET/WENDENADEL

Eine Wendenadel erleichtert das Verstürzen von schmalen Stoffstreifen wie Bindebändern.

NAHTTRENNER

Ein praktisches Werkzeug, mit dem Nähte ganz leicht wieder aufgetrennt werden können, ohne dass der Stoff beschädigt wird.

TEXTILKLEBER

Aqua-Fixiermarker und Textil-Klebestift ermöglichen das Fixieren von Stoffen, Borten, Applikationen, Reißverschlüssen u. ä. ohne Nadel und Faden. Beim Fixiermarker ist der Kleberauftrag durch gelbe Farbe sichtbar, die beim Trocknen verschwindet. Beide Kleber sind auswaschbar und hinterlassen keine Rückstände.

Der Stoff

Für fast alle in diesem Buch beschriebenen Projekte wurden Baumwollstoffe verwendet. Sie lassen sich besonders gut verarbeiten, da sie problemlos für den Zuschnitt markiert werden können, leicht zu pflegen sind und ihre Kanten wenig ausfransen.

STOFFVERBRAUCH

In den Nähanleitungen findet sich gewöhnlich eine Stoffempfehlung mit Angabe der benötigten Menge. Diese Mengenangabe hängt jedoch von der Stoffbreite ab. Hat der gewählte Stoff eine andere Breite, können die Schnittteile z. B. auf einer zur entsprechenden Breite zusammengefalteten Tischdecke probeweise ausgelegt und so der Stoffbedarf ausgemessen werden.

Bei einigen Stoffen, z. B. solchen mit Karos oder Streifen, müssen beim Auflegen der Schnittteile alle eingezeichneten Fadenlauf-Pfeile in die gleiche Richtung zeigen, wodurch sich der Stoffverbrauch je nach Modellgröße erhöhen kann. Folgende Besonderheiten sind zu beachten:

STOFFE MIT MUSTERRICHTUNG

Einige Stoffe zeigen Motive, wie z. B. Blumen, Tiere oder Ornamente, die alle in die gleiche Richtung ausgerichtet sind. Auch hier müssen die Schnittteile alle in einer Richtung auf den Stoff gelegt werden, sonst stehen einige Motive später am fertigen Modell auf dem Kopf.

KARIERTE STOFFE

Bei gleichmäßigen Karos erlaubt das symmetrische Muster das Auflegen der Schnittteile in beide Richtungen. Bei ungleichmäßigen Karos treffen aber nicht alle längs verlaufenden Streifen aufeinander, daher die Schnittteile nur in einer Richtung auflegen. Beim Falten von Stoffen mit Karomustern darauf achten, dass die quer- und längs verlaufenden Streifen an den Nähten exakt und deckungsgleich aufeinandertreffen.

TIPP | Als Näheinsteiger sollten Sie für Ihre ersten Modelle besser einfarbige Stoffe oder unkomplizierte Muster wählen, bei denen man die Schnittteile in beide Richtungen auflegen kann. So fällt der Zuschnitt leichter. Außerdem können Sie sich beim Nähen ganz auf die Technik konzentrieren und müssen keine exakten Musteranschlüsse beachten.

GESTREIFTE STOFFE

Für gestreifte Stoffe gilt im Prinzip dasselbe wie für Karos. Haben die Stoffe ein asymmetrisches Streifenmuster, können die Schnittteile nur in einer Richtung aufgelegt werden, bei gleichmäßigen Streifen in beide Richtungen. Jedoch darauf achten, dass die Streifen bei allen Teilen übereinstimmend horizontal oder vertikal verlaufen.

TIPP | Nähmaschinen mit einem eingebauten doppelten Stofftransport führen den Stoff gleichzeitig von oben und unten. Beim Nähen von gemusterten Stoffen sollte auch der Obertransport eingeschaltet sein, denn er verhindert das Verschieben der Stoffe. So passt das Muster an der Naht später exakt zusammen.

STOFF VORWASCHEN

Bevor Stoff verarbeitet bzw. zugeschnitten wird, sollte er je nach Pflegeempfehlung gewaschen und gebügelt werden. Vor allem Baumwolle und Leinen können beim Waschen etwas einlaufen. Nicht-waschbare Stoffe und Baumwollreißverschlüsse mit dem Dampfbügeleisen oder unter einem feuchten Tuch überbügeln. Auch Bänder entsprechend vorbehandeln. Für reine Dekorationsobjekte, die später nicht gewaschen werden, ist das Vorbehandeln der Materialien nicht unbedingt erforderlich.

Stoffzuschnitt

Ist der passende Stoff gefunden, müssen nun die einzelnen Schnittteile vom Papierschnitt abgepaust, auf den Stoff aufgelegt und zugeschnitten werden. Dabei werden Nahtzugaben angezeichnet und eventuell Markierungen übertragen.

SCHNITTMUSTER ABPAUSEN

Um Platz zu sparen, werden Schnittmuster häufig auf Bögen überlappend mit Schnittmustern anderer Modelle aufgezeichnet. Aus diesem oder anderen Gründen kann es sinnvoll sein, einen Papierschnitt nicht direkt auszuschneiden, sondern ihn abzupausen. Für diesen Zweck gibt es im Fachhandel spezielles Schnittmusterpapier, verwendet werden können aber auch Seiden-, Transparent- oder Butterbrotpapier. Das Papier auf die Vorlage bzw. das Muster legen. Ist ein großer Schnittmuster-Bogen vom Falten sehr uneben, das Papier einfach mit einem Bügeleisen ohne Dampffunktion glätten. Mit Filz- oder Bleistift alle Linien, Markierungen und Beschriftungen der einzelnen Teile nachzeichnen und anschließend die Schnittteile ausschneiden. Werden Vorlagen mehrmals verwendet, kann man zur Verstärkung die Rückseite mit dickerem Papier, z. B. Packpapier, bekleben. Für kleinere Motive kann eine Schablone aus Pappe sehr praktisch sein. Die Konturen einfach mithilfe von Pauspapier auf die Pappe übertragen und die Schablone sorgfältig ausschneiden.

SCHNITTTEILE AUFLEGEN

Den Stoff zuerst bügeln, dann schön glatt und faltenfrei zurechtlegen. Darauf achten, dass alle Schnittteile im richtigen Fadenlauf darauf Platz haben. Die Schnittteile werden immer auf der linken Stoffseite aufgelegt, sodass dort auch Zugaben und Markierungen angezeichnet werden können. Große Teile zuerst, kleinere danach auflegen. Zwischen den einzelnen Schnittteilen Abstand für das Anzeichnen der Nahtzugaben lassen. Um die Stofffläche optimal auszunutzen, kann es sinnvoll sein, die Schnittteile nach und nach auszuschneiden und sich dafür immer wieder einen neuen Stoffbruch zu falten. Für einmal benötigte asymmetrische Schnittteile den Stoff einfach legen, für zweimal benötigte Teile doppelt legen und beide Teile zusammen ausschneiden. Um zu überprüfen, ob die Teile auch richtig im Fadenlauf liegen, an beiden Enden des auf dem Schnittteil aufgezeichneten Fadenlaufs zu Bruch oder Webkante messen und die Stelle mit je einer Stecknadel markieren. Der Abstand sollte an beiden Pfeilenden gleich sein. Für halbe Schnittteile eine Stoffseite gerade so weit umklappen, dass die Teile im entstandenen Stoffbruch aufgelegt werden können. Beim Falten liegt die rechte Stoffseite immer innen. Vor dem Auflegen des Schnittteils sollte an mehreren Stellen der Abstand vom Bruch zur oben liegenden Webkante gemessen werden, um zu garantieren, dass der Stoff auch genau im Fadenlauf und nicht schief gefaltet wurde.

Die Schnittteile nun ringsum mit Stecknadeln so feststecken, dass die Schnittlinie zum Schneiden frei bleibt. Bei doppelt gelegtem Stoff darauf achten, dass die Nadeln beide Lagen erfassen. Bei Lackstoffen, Leder oder Wachstuch bleiben Nadeleinstiche sichtbar, deshalb Schnittteile mit Klebeband oder Büroklammern befestigen.

TIPP | Schnittvorlagen für Stoffe mit schwierigen Mustern am besten mit einem wasserfesten Stift auf durchsichtige Schnittfolie zeichnen. Beim Zuschneiden ist so der Verlauf des Musters wesentlich besser sichtbar als bei herkömmlichem Schnittmusterpapier.

TIPP | Wer einen sehr hohen Verbrauch an Schnittmusterpapier oder -folie hat, kann im Baumarkt günstige Alternativen wie z. B. PE-Baufolie oder Abdeckplanen finden. Am besten zuerst in kleiner Menge ausprobieren und eine mittlere bis starke Qualität wählen.

STOFFTEILE ZUSCHNEIDEN

Den Stoff entlang der Papierkante oder der eingezeichneten Markierung mit einer scharfen Schneiderschere zuschneiden. Dabei so wenig wie möglich anheben, da sich sonst die Schnittkanten leicht verschieben können. Mit der freien Hand den Stoff dicht neben der Schnittlinie festhalten und mit langen Schnitten arbeiten.

SCHNITTKONTUREN UND MARKIERUNGEN ÜBERTRAGEN

Bevor der Papierschnitt nach dem Zuschneiden der Stoffteile wieder abgenommen wird, müssen die Nahtlinien (= Konturen) und alle im Schnittteil eingezeichneten Markierungen, bis auf den Fadenlauf, auf den Stoff übertragen werden. Wird später Vlieseline aufgebügelt, die am Rand des Schnittteils befindlichen Markierungen, wie Ansatzpunkte für andere Teile oder vordere und rückwärtige Mitte, bis auf die Nahtzugabe verlängern, damit sie sichtbar bleiben. Alternativ können diese Stellen auch mit kurzen Einschnitten in den Zugaben gekennzeichnet werden. Zum Übertragen von Markierungen gibt es verschiedene Möglichkeiten:

Markierung bei doppelter Stofflage

Ein Stück Schneiderkopierpapier mit der beschichteten Farbseite nach oben auf eine gerade Oberfläche legen. Das zugeschnittene Stoffteil darauflegen. Das Kopierrädchen zuerst entlang der Papierkante führen und so die Nahtlinien übertragen. Dann alle weiteren Markierungen nachrädeln. Die Linien sind nun auf der unteren Stofflage sichtbar, der Papierschnitt kann abgenommen werden.

Beide Stofflagen nun wieder bündig mit Stecknadeln aufeinanderstecken, ohne die markierten Linien zu treffen. Den Stoff umdrehen und erneut auf das Kopierpapier legen, sodass die bereits kopierten Linien oben liegen. Die Linien noch einmal nachrädeln, um sie auch auf die zweite, jetzt unten liegende Stofflage zu kopieren. Sollen bei zwei oder mehreren Stoffteilen gleichzeitig linke und rechte Seiten markiert werden, gelingt das Übertragen sehr exakt mit dem Durchschlagstich. Diese Methode ist besonders bei dünnen und empfindlichen Stoffen empfehlenswert, bei denen das Kopieren nicht möglich ist.

TIPP | Ein praktisches Hilfsmittel zum Markieren bei doppelter Stofflage ist ein Parallelkopierrad. Beim Übertragen von Schnittteilen zeichnet es die Naht- und Schnittlinien gleichzeitig auf den Stoff. Dazu besitzt es ein zweites, je nach Zugabenbreite verstellbares Rädchen, das die Zugaben automatisch im richtigen Abstand zur Nahtlinie markiert.

Markierung bei einfacher Stofflage

Die Nahtlinie entlang der Papierkante mit Schneiderkreide oder Trickmarker aufzeichnen.

Um die Markierungen zu übertragen, an den entsprechenden Stellen Stecknadeln durch Papier und Stoff stechen, den Papierschnitt vorsichtig bis zur Nadel anheben und die Einstichstellen auf der linken Stoffseite markieren. Müssen sie auch auf der rechten Stoffseite sichtbar sein, die Ausstichstellen ebenfalls markieren.

Markierung auf der rechten Stoffseite

Markierungen wie Knopflöcher oder Aufsetzpunkte für Applikationen müssen auf die rechte Stoffseite übertragen werden, da sie später auch von dieser Seite gearbeitet werden. Bei doppelt gelegtem Stoff befinden sich die rechten Seiten immer innen. An den entsprechenden Stellen Stecknadeln durch den Papierschnitt und beide Stofflagen stechen. Dann die obere Stofflage zurückschlagen und jeweils beide Durchstichstellen mit Schneiderkreide oder Trickmarker anzeichnen.

TIPP | Besteht ein Schnitt aus vielen Einzelteilen, kennzeichnen Sie diese auf den linken Stoffseiten mit beschriftetem Klebeband. Das erleichtert die Übersicht und das benötigte Teil ist schnell gefunden.

EINFASSEN

Beim Einfassen wird ein Band, z. B. ein Schrägband, um die Stoffkante gelegt und festgenäht. Schrägband kann fertig gekauft oder mit einem Schrägbandformer hergestellt werden. Zum Einfassen das Band auffalten, eine Längsseite mit der rechten Band- auf die linke Stoffseite an die Schnittkante des Stoffes stecken, dann im Bügelfalz, also eine Viertel-Bandbreite von der Kante entfernt, feststeppen. Die Naht bügeln. Dann das Band mit eingeschlagener Falzkante um die Stoffkante zur rechten Seite umlegen, sodass die erste Naht verdeckt ist, und knappkantig feststeppen. Bleiben die Bandenden sichtbar, so werden sie vor dem Aufstecken des Bandes nach innen eingeschlagen und gebügelt.

EINLAGEN

Einlagen verwendet man, um Stoffen an bestimmten Stellen Festigkeit und Formbeständigkeit zu verleihen. Es gibt Vlieseinlagen und gewebte Stoffeinlagen zum Aufbügeln oder Einnähen, bekannt unter dem Markennamen Vlieseline. Bei der Wahl einer geeigneten Einlage müssen Qualität sowie Bügel- und Pflegeeigenschaften des Stoffes berücksichtigt werden. Besonders beliebt sind Bügeleinlagen, da sie leicht zu verarbeiten sind.

Das angebotene Sortiment an Einlagen ist sehr vielfältig. Grundsätzlich gilt: Je größer das Projekt, desto fester die Einlage. In der folgenden Aufstellung finden Sie Infos zu den in diesem Buch verwendeten Einlagen. S 320 Leichte und sehr feste Einlage für Deko- und Baumwollstoffe, auch Schabrackeneinlage genannt. Eignet sich z. B. für Stoffkörbchen, Taschen oder Bastelarbeiten. H 620 Ein Volumenvlies, das den Objekten einen wattierten Effekt und eine gleichmäßige, feste Oberfläche verleiht. Objekte wie Topflappen werden mit dieser dicken Einlage wärmebeständig gemacht.

Außerdem wurde folgender Vliesstoff verwendet:
VLIESOFIX Eine beidseitig haftende und aufbügelbare Vlieseline. Sie eignet sich hervorragend für Applikationen.

TIPP | Bügeln Sie die Einlage vor dem Zuschneiden auf den Stoff, dann sparen Sie sich einen Arbeitsgang.

Jasmin Stanonik gründete 2008 ihr Label »SHEELA Housewife Revolution«. Der Schürze, einem bisher eher altbackenen Kleidungsstück, wurde damit eine moderne, sexy Aufmachung verpasst. Die Idee kam Jasmin Stanonik nach der Geburt ihrer beiden Kinder. Als Ausgangsmodell ihrer Entwürfe diente damals die Schürze ihrer Großmutter. An die hatte sie sich nämlich erinnert, als sie zum wiederholten Mal von ihrem Sohn bekleckert wurde. Ihre Schürzen wurden inzwischen zum kultigen Lifestyleartikel erhoben. Mit den Modellen von »DIEGO – The Housekeeper« haben auch Männer keine Ausrede mehr, eine sexy Figur in Küche, Werkstatt, Garten und vor dem Grill zu machen und auch Kindermodelle hat die gebürtige Österreicherin entworfen. Mehr Infos zu SHEELA Housewife Revolution finden Sie unter: http://www.sheela.cc/

FOTOS: frechverlag GmbH, 70499 Stuttgart; Wolfgang Horngacher (Porträt Seite 80); lichtpunkt, Michael Ruder, Stuttgart (alle übrigen)
PROJEKTMANAGEMENT: Josefine Loimeier
LAYOUT: Petra Theilfarth
DRUCK UND BINDUNG: Finidr s.r.o., Tschechische Republik

Materialangaben und Arbeitshinweise in diesem Buch wurden von der Autorin und den Mitarbeitern des Verlags sorgfältig geprüft. Eine Garantie wird jedoch nicht übernommen. Autorin und Verlag können für eventuell auftretende Fehler oder Schäden nicht haftbar gemacht werden. Das Werk und die darin gezeigten Modelle sind urheberrechtlich geschützt. Die Vervielfältigung und Verbreitung ist, außer für private, nicht kommerzielle Zwecke, untersagt und wird zivil- und strafrechtlich verfolgt. Dies gilt insbesondere für eine Verbreitung des Werkes durch Fotokopien, Film, Funk und Fernsehen, elektronische Medien und Internet sowie für eine gewerbliche Nutzung der gezeigten Modelle. Bei Verwendung im Unterricht und in Kursen ist auf dieses Buch hinzuweisen.

1. Auflage 2014
© 2014 frechverlag GmbH, 70499 Stuttgart
ISBN 978-3-7724-6338-9 • Best.-Nr. 6338

HILFESTELLUNG ZU ALLEN FRAGEN, DIE MATERIALIEN UND KREATIVBÜCHER BETREFFEN: FRAU ERIKA NOLL BERÄT SIE. RUFEN SIE AN: 05052/91 18 58*
*normale Telefongebühren